Heinrich Werz

Erstes Lesebuch

Heinrich Werz

Erstes Lesebuch

ISBN/EAN: 9783743362697

Hergestellt in Europa, USA, Kanada, Australien, Japan

Cover: Foto ©Paul-Georg Meister /pixelio.de

Manufactured and distributed by brebook publishing software
(www.brebook.com)

Heinrich Werz

Erstes Lesebuch

Erstes Lesebuch.

Von

H. Werz, Lehrer,

Zweite Auflage.

St. Louis, Mo.,
Verlag von H. Werz, No. 190 nördliche Elfte Straße.

1866.

Druck von A. Wiebusch u. Sohn, St. Louis, Mo.

Vorrede.

Das „Erste Lesebuch" reiht sich meiner „Zweiten Schreiblese-Fibel" an. In dem zweiten Theil dieses Werkchens habe ich die Schul- und Hausgeräthe so beschrieben, daß je folgende Fragen beantwortet sind: 1. Was ist's? 2. Welche Gestalt hat es? 3. Welche Farbe? 4. Wie groß ist's? 5. Aus welchen Theilen besteht es? 6. Woraus bestehen die Theile? 7. Wer macht es? 8. Wozu dient es? 9. Wie viele Arten gibt es?

In diesem Büchlein habe ich die Geräthe, Werkzeuge u. s. w. nicht mehr beschrieben, sondern bloß genannt. Es ist demnach Sache des Lehrers, dieselben mündlich und schriftlich beschreiben zu lassen.

Mit Ausnahme der Psychologie, Geographie und Geschichte der Vereinigten Staaten und allgemeinen Weltgeschichte sind in dem ersten Lesebuche alle Pensen enthalten, die in dem „Schul- und Hausfreund" ausführlich abgehandelt sind. Das Werkchen hat somit den Zweck, für das genannte Werk — oder überhaupt für die gewöhnlichen Realfächer vorzubereiten.

Ich habe dem Texte viele Fragen einverleibt und daher von einigen Herren Collegen die Aeußerung vernommen, dieselben seien störend bei dem Lesen. Ich bin anderer Ansicht. Lasse man eine Lection mehrere Mal lesen, ohne auf die Fragen weiter Rücksicht zu nehmen, als was die Betonung betrifft. Wird das Lesestück nun ziemlich fertig gelesen, so repetire man es noch ein Mal, jedoch so, daß jeder betreffende Schüler die Frage zu beantworten hat, welche er gerade zu lesen bekömmt. Auf diese Weise ist jeder Störung vorgebeugt.

Daneben aber hatte ich in Bezug dieser Fragen einen wesentlichen Nutzen im Auge. Des Abends lesen die Kinder zu Hause unter Aufsicht ihrer Eltern oder älteren Geschwister. Sind dem Lesestücke keine Fragen beigefügt, so begnügt man sich mit dem mechanischen Einüben desselben. Die Fragen aber geben Anlaß zu Besprechungen und weiteren Fragen, so daß das Kind mit dem Inhalt seiner Lection viel vertrauter wird, als es ohne dieselben geworden wäre.

Die „Gespräche" sind vielleicht zu lang und einige Theile derselben auch nicht sehr elementar. Sollten in Betreff derselben Beschwerden eingehen, so sollen später kürzere und einfachere Dialoge an deren Stelle gesetzt werden.

Die „Briefe" werden jedem Lehrer ein willkommenes Mittel bieten, um seine Schüler ähnliche Arbeiten ausführen zu lassen.

Was die Sprüchwörter, Räthselfragen und Räthsel anbelangt, so wäre es wohl eine verkehrte Manier, wenn man sie als Lese-Lection benutzen würde. Etwa zwei Mal in der Woche ein Viertelstunde die Bedeutung von einigen Sprüchwörtern katechetisch entwickeln und ein paar Räthselfragen lösen, ist eine sehr lohnende Arbeit. Sie ist erheiternd für Lehrer und Kinder und trägt das Ihrige reichlich bei, um das Denkvermögen der letztern zu stärken und zu schärfen.

Indem ich dieses Werkchen hiemit dem Publikum übergebe füge ich die Zusicherung bei, daß ich meinen werthen Herren Collegen für jeden wohlgemeinten Rathschlag danken und denselben so viel als thunlich berücksichtigen werde.

St. Louis, den 20. Februar 1866.

Der Verfasser.

I. Der Mensch.

1. Einleitung.

Wir sind **Menschen**. Wir können denken und sprechen. — Weil wir noch jung sind, nennt man uns **Kinder**. Ein Kind ist entweder ein **Knabe** oder ein **Mädchen**.

Jeder Mensch hat einen **Körper**, den wir sehen können, und eine **Seele**, die wir nicht sehen können.

Es ist für jeden Menschen gut, wenn er recht viele Dinge kennen lernt; vor Allem ist es aber nothwendig, sich selbst kennen zu lernen. Wir wollen daher mit unserer Selbstkenntniß beginnen.

Der Mensch, ein L e i b, den Gottes Hand
So wunderbar bereitet;
Der Mensch, ein G e i s t, den sein Verstand
Gott zu erkennen leitet.
Der Mensch, der Schöpfung Ruhm und Preis,
Ist sich ein täglicher Beweis
Von Gottes Güt' und Größe.

A. Der menschliche Körper.

2. Theile des menschlichen Körpers.

Der menschliche **Körper** besteht aus dem H a u p t e oder K o p f e, dem R u m p f e, den A r m e n und den B e i - n e n.

An dem **Haupte** unterscheiden wir: Das Angesicht, die Stirne, den Scheitel, die Schläfen und das Hinterhaupt.

Das Kinn, der Mund, die Nase, die Augen und die Wangen bilden das Angesicht. — Zeiget diese Theile und benennet sie.

Die Lippen, die Kinnladen mit den Zähnen, die Zunge und der Gaumen sind die Haupttheile des Mundes.

Wo ist der Scheitel? Wo ist das Hinterhaupt? Wo ist die rechte Schläfe? Welches ist die linke Schläfe? Mit was sind Scheitel und Hinterhaupt bedeckt?

Mittelst des Halses ist der Kopf verbunden mit dem

3. Rumpfe.

Der **Rumpf** bildet den mittlern und zugleich größten Theil des Körpers.

Der obere Theil der vordern Seite des Rumpfes heißt **Brust** und der untere Theil **Bauch**. Die hintere Seite des Rumpfes nennt man **Rücken**. — Welches ist die rechte Seite? Welches die linke Seite?

In der **Brust** befinden sich die Lungen und das Herz. — Auf welcher Seite ist das Herz?

In dem **Bauche** befinden sich: Der Magen, die Leber, die Gedärme, die Nieren und die Milz.

Lungen, Herz, Magen, Leber, Gedärme, Nieren und Milz nennt man zusammen **Eingeweide.**

Mit dem Rumpfe stehen die Arme und die Beine in Verbindung.

4. Die Hand.

Die **Hand** ist ein sehr wichtiges Glied des menschlichen Körpers; denn mit ihr verrichten wir unsere meisten Arbeiten. — Gebt mir an, was Ihr mit Euren Händen thun könnt.

An jeder Hand befinden sich 5 Finger und jeder von ihnen hat einen besondern Namen. — Sagt mir, wie jeder der 5 Finger heißt.

Durch das **Handgelenk** steht die Hand in Verbindung mit dem **Vorderarm** und dieser ist durch den **Ellenbogen** mit dem **Oberarm** vereinigt. — Welches ist der rechte Ellenbogen? Welches ist das linke Handgelenk?

Mittelst der **Schulter** ist der Oberarm mit dem Rumpfe vereinigt.

Mit welcher Hand esset und schreibt Ihr? Welche Personen müssen mit der linken Hand essen und schreiben?

Seht, wie die Finger geschäftig sind!
Fünf eiserne Stäbchen hat das Kind,
Die steckt es flink ein und ziehet sie aus:
Zuletzt wird gar ein Strumpf daraus.

5. Der Fuß.

Der **Fuß** ist gleichfalls ein sehr nützliches Glied unseres Körpers, denn ohne ihn können wir nicht . . . . .

An jedem Fuße befinden sich fünf **Zehen,** die aber lange nicht so beweglich sind, als die Finger.

An den Füßen unterscheiden wir die F u ß s o h l e und die F e r s e n.

Mittelst des **Fußgelenks** steht der Fuß mit dem **Unterschenkel** oder **Bein** in Verbindung.

An diesem unterscheiden wir das S c h i e n b e i n und die W a d e.

Das Bein ist durch das **Knie** mit dem **Oberschenkel** vereinigt und dieser ist durch die **Hüfte** mit dem Rumpfe verbunden.

Wenn wir ein Bein nicht bewegen können, ist es l a h m. Es gibt manche unglückliche Menschen, welche beide Beine nicht bewegen können, sowie auch solche, die zwei lahme Arme haben. — Wer braucht künstliche Beine und künstliche Arme?

6. Was gesunde Beine werth sind.

Ein Metzgerbursche ging einmal über Land und kam matt und verdrossen bei einem Wirthshause an, wo er sich einen Krug Bier und ein Stück schwarzes Brod geben ließ.

Kurz darauf kam eine Chaise gerollt, in der ein reicher Mann saß, der sich ein Stück kalten Braten und eine Flasche Wein reichen ließ, die er in seinem Wagen verzehrte.

Der Metzgerbursche sah ihm verdrießlich zu und dachte „Wenn ich es doch auch so gut hätte!"

Der Reiche merkte es und sagte zu ihm: „Hätte Er wohl Lust, mit mir zu tauschen?" „Das versteht sich," antwortet dieser, ohne sich lange zu bedenken. „Steige der Herr heraus und gebe mir Alles, was er hat, ich will ihm auch Alles geben was ich habe." Sogleich befahl der Reiche seinem Bedienten daß er ihn aus dem Wagen heben sollte. Gott, welcher Anblick Seine Füße waren gelähmt; er konnte nicht stehen, sondern mußte sich von seinem Bedienten so lange halten lassen, bis die Krücken herbeigebracht wurden, auf die er sich stützte. „Heh!" fragte er, hat Er noch Lust, mit mir zu tauschen?"

„Bei Gott nicht!" gab der erschrockene Metzgerbursche zu Antwort. „Meine gesunden Beine sind mir lieber als all Ihr Reichthum. Ich will lieber Schwarzbrod essen und zu Fuß gehen, als Wein und Braten haben, und mich wie ein kleines Kind von Andern umherführen lassen. Gott behüte Sie!" Mit diesen Worten stand er auf und ging fort.

„Er hat Recht!" rief ihm der Reiche nach.

„Könnte Er mir seine gesunden Beine geben, Er sollt meine Chaise, meine Rappen, mein Geld, kurz Alles dafür haben! Ein gesunder, armer Mann ist glücklicher, als ein reicher Krüppel!"

7. Das Auge.

Das **Auge** ist das Werkzeug, durch das wir sehen. — Der wichtigste Theil desselben heißt **Augapfel**, weil er die Gestalt eines Apfels hat.

Wenn wir schlafen, bedecken wir den Augapfel mit den Augenlidern oder Augendeckeln. Die Haare welche an den Rändern der Augenlider stehen, heißen Augenwimpern und die Haare, welche über den Augen stehen, nennt man Augenbraunen. — Wozu dienen die Augenwimpern und wozu die Augenbraunen?

Wer ein Auge verloren hat, ist..... und wer mit beiden Augen nicht sehen kann, ist.....

Blinde Menschen sind arm, selbst wenn sie viel Geld haben!

Rosettchen will zum Krämer laufen
Und für die Puppe Kleider kaufen.
Da trifft es einen blinden Mann
Mit einem kleinen Mädchen an
Und legt das Geld ihm in den Hut.
Wie ist Rosettchen brav und gut!
Es zieht zu Haus der Puppe dann
Die alten Kleider wieder an.

8. Das Ohr.

Das **Ohr** ist das Werkzeug, womit wir hören. Die **Ohrmuschel** ist der äußerste Theil desselben.

Der untere Theil der Ohrmuschel heißt Ohr=lappen. In dem Ohrlappen tragen viele Menschen goldene Ringe oder Berlocken. — Kann man wohl besser hören, wenn man solche Geschmeide an die Ohren hängt?

Wer nicht hören kann, ist taub, und wer weder hören noch sprechen kann, ist taubstumm.

Die Taubstummen machen sich durch Zeichen verständ= lich, wobei sie hauptsächlich die Finger gebrauchen. Die Schulen, in welchen sie unterrichtet werden, nennt man Taubstummenanstalten.

9. Was das Kind hat.

Zwei Augen hab' ich, klar und hell,
Die drehn sich nach allen Seiten schnell,
Die sehn alle Blümchen, Baum und Strauch,
Und den hohen, blauen Himmel auch.
Die setzte der liebe Gott mir ein,
Und was ich kann sehen, ist alles sein.

Zwei Ohren sind mir gewachsen an,
Damit ich alles hören kann,
Wenn meine liebe Mutter spricht:
„Kind, folge mir und thu' das nicht!"
Wenn der Vater ruft: „Komm her geschwind!
Ich habe dich lieb, mein gutes Kind."

Einen Mund, einen Mund hab' ich auch,
Davon weiß ich gar guten Gebrauch,
Kann nach so vielen Dingen fragen,
Kann alle meine Gedanken sagen,
Kann lachen und singen, kann beten und loben
Den lieben Gott im Himmel droben.

Hier eine Hand und da eine Hand,
Die rechte und linke sind sie genannt;
Fünf Finger an jeder, die greifen und fassen.
Jetzt will ich sie nur noch spielen lassen;
Doch wenn ich erst groß bin und was lerne,
Dann arbeiten sie alle auch gar gerne.

Füße hab' ich, die können stehn,
Können zu Vater und Mutter gehn.
Und will es mit dem Laufen und Springen
Nicht immer so gut, wie ich möchte, gelingen,
Thut nichts; wenn sie nur erst größer sind,
Dann geht es noch einmal so geschwind.

Ein Herz, ein Herz hab' ich in der Brust,
So klein, und klopft doch so voller Lust,
Und liebt doch den Vater, die Mutter so sehr.
Und wißt ihr, wo ich das Herz hab' her?
Das hat mir der liebe Gott gegeben,
Das Herz und die Liebe und auch das Leben.

10. Die Nase.

Die **Nase** ist dasjenige Glied unsers Körpers, mit welchem wir **riechen**.

Sie ragt mitten aus dem Gesichte hervor und ist durch eine Scheidewand in zwei Hälften getheilt. Daher kommt es, daß wir zwei **Nasenlöcher** haben.

Wer seine Nase durch irgend ein Unglück verliert,

sieht gar häßlich aus. Mancher Mensch, der in eine solche Lage geräth, läßt sich eine silberne Nase einsetzen. — Kann er wohl damit auch riechen?

Ein anständiges Kind hat stets ein Taschentuch bei sich, um seine Nase rein zu halten!

11. Die Zunge.

Die **Zunge** ist in der Mundhöhle, so daß man sie nur sehen kann, wenn man sie ausreckt, oder den Mund öffnet.

Durch die Zunge werden wir gewahr, wie die Speisen und Getränke **schmecken,** welche wir genießen.

Außerdem gebrauchen wir sie zum Schlucken oder Schlingen der Speisen, sowie zum Sprechen.

Menschen, welche ihre Zunge nicht bewegen können, oder gar keine Zunge haben, sind nicht fähig zu sprechen und daher . . . . .

Wie ist ein Mensch, der weder sprechen noch hören kann? — Auf welche Weise machen sich solche Menschen Andern verständlich?

12. Die Haut.

Unser ganzer Leib ist mit einer **Haut** überzogen, die aber so dünn und weich ist, daß wir leicht **fühlen** können, wie die Körper beschaffen sind, welche wir berühren.

Wir fühlen zum Beispiel, ob sie kalt oder warm, rauh oder glatt, weich oder hart, naß oder trocken, rund oder eckig sind und so weiter.

Benennet einige Körper, welche eckig, rund, trocken, naß, hart, weich, glatt, rauh, warm oder kalt sind.

An den Fingerspitzen, den Lippen und in den Augen haben wir das feinste Gefühl. — Mit welchen Gliedern befühlen wir die Körper gewöhnlich?

Wer gesund sein will, muß seine Haut rein halten, das heißt, er muß sich regelmäßig waschen und öfters baden.

B. Nahrungsmittel.

13. Die Nahrungsmittel im Allgemeinen.

Das beste und natürlichste Nahrungsmittel für Kinder ist die **Milch.** Sind sie aber einmal mit Zähnen versehen, so bilden — neben der Milch — Suppe, Brod, Fleisch, Gemüse und Obst die Hauptnahrungsmittel.

Außer der Milch ist frisches Wasser das beste Getränk.

Kaffee, Thee, Bier und Wein sind den Kindern schädlich und sollten nur von Erwachsenen in bescheidenem Maße genossen werden.

Speisen und Getränke schmecken am besten, wenn man durch Arbeit h u n g r i g und d u r s t i g geworden ist.
εε—„Wer nicht arbeitet, soll auch nicht essen!"

14. Das Brod.

Das **Brod** ist ein sehr gesundes Nahrungsmittel. Dasselbe wird aus ..... bereitet und von dem ..... gebacken.

Woraus bereitet man das Mehl? Wer bereitet es? Wie heißt das Gebäude, in welchem das Getreide gemahlen wird?

Das Brod aus Weizenmehl sieht weiß aus und heißt daher ..... Wie nennt man das Brod, welches aus Roggenmehl gemacht wird?

Brod und Kuchen sind sehr ungesund, wenn sie genossen werden, so lange sie noch warm sind.

15. Das Fleisch.

Das **Fleisch** ist ein sehr kräftiges Nahrungsmittel und ebenso dienlich für das Kind, als für den Greis. Besonders gut für die Kleinen ist die F l e i s c h s u p p e.

Was muß erst mit den Thieren geschehen, ehe man ihr Fleisch genießen kann? Wie nennt man einen Mann, welcher Thiere schlachtet, um ihr Fleisch zu verkaufen? Wird das Fleisch aller Thiere gegessen? Von welchen Thieren genießen die Menschen das Fleisch gewöhnlich nicht? In welchen Fällen verzehren Menschen das Fleisch von Pferden, Eseln, Ratten und Mäusen, selbst ohne es zu kochen oder zu braten?

Was muß mit Fleisch geschehen, das man bei warmer Witterung auch nur für kurze Zeit aufbewahren will? Was thut man mit Fleisch, das längere Zeit gut erhalten werden soll?

16. Obst.

Das **Obst** ist eine Frucht, an welcher sich gesunde und kranke Personen erquicken können.

Wir unterscheiden **Kernobst, Steinobst** und **Beeren.** — Welche Arten von Beeren, Steinobst und Kernobst kennet Ihr? Wie heißen die Gärten, welche mit Obstbäumen bepflanzt sind? Wie heißen die Felder, welche mit Weinreben bewachsen sind?

Der Saft der Aepfel und Birnen liefert den Most oder Apfelwein. — Wie nennt man das Getränk, welches aus dem Saft der Trauben bereitet wird? Auf welche Weise kann man Obst längere Zeit aufbewahren? Wie heißen getrocknete Trauben?

Unreifes Obst ist sehr schädlich und hat schon vielen Menschen nicht bloß große Schmerzen, sondern sogar den Tod verursacht.

17. Gemüse.

Nicht minder gesund als das Obst sind auch die **Gemüse.** Sie machen nicht bloß das Fleisch und andere Speisen wohlschmeckender, sondern befördern auch die Verdauung derselben.

Einzelne Arten von Gemüsen, wie zum Beispiel gelbe und weiße Rüben und Erbsen, werden häufig roh genossen. Rettige und Gurken dagegen werden gewöhnlich erst mit Salz und Essig zubereitet, und Bohnen, Linsen, Kohl, Spinat und dergleichen werden erst gekocht, ehe sie gegessen werden.

Die Kartoffeln aber werden gesotten, geröstet, als Salat oder als Brei aufgetischt und sind in jeder Weise beliebt. Sie sind daher das wichtigste aller unserer Gemüse.

18. Die Kartoffeln.

Vor vierhundert Jahren wußte man in Europa von den **Kartoffeln** noch nichts.

Als ein englischer Seefahrer, Namens Francis Drake, sie in Amerika kennen lernte, schickte er einem Herrn in England ein Säckchen Samenkörner davon und meldete ihm dabei, daß dieser Samen eine sehr nützliche Frucht erzeuge.

Der Herr empfing den Samen und ließ ihn in seinen Garten pflanzen. Die Körner gingen auf, die Pflanzen gediehen, sie blühten, und im Spätjahr hingen gelbgrüne Samenkapseln an den Stauden.

„Nun will ich einigen meiner Freunde ein Mahl bereiten und zum Schlusse die Frucht des amerikanischen Gewächses auftischen; das wird wohl große Freude erregen“ — so dachte der reiche Engländer und that auch so.

Am Schlusse der Mahlzeit kam eine zugedeckte Schüssel auf die Tafel, und der Gastgeber sagte: „Meine Herren! Ich will Ihnen noch eine köstliche Frucht vorsetzen, die ich in meinem Garten aus dem Samen gezogen habe, welchen mir mein Freund, Francis Drake, aus Amerika zugeschickt hat.“ — Alle Gäste waren voller Erwartung. Die Schüssel wurde aufgedeckt und die dampfenden Samenkapseln umhergereicht, aber — sie schmeckten bitter; bitter, trotzdem sie mit Butter und Gewürzen zubereitet waren.

„Das Gewächs mag gut sein für Amerika, aber für

England ist es Nichts werth" — so urtheilten die anwesenden Gäste, und der Hauswirth war sehr ärgerlich.

Am nächsten Morgen befahl er seinem Gärtner, die
amerikanischen Pflanzen auszureißen und zu verbrennen.
Der Diener that so.

Unwillig streute der Herr die Asche davon umher und
gewahrte dabei einzelne Knollen, die ganz angenehm
rochen. „Woher kommen diese Knollen?" fragte er den
Gärtner. „Die hingen an den Wurzeln der amerikanischen
Pflanzen," lautete die Antwort.

„Ei, ei, so sind am Ende in dieser neuen Welt die
Früchte der Gewächse in dem Grunde," sprach der Herr
und kostete einige der gebratenen Knollen. Und siehe da,
sie schmeckten so vortrefflich, als die Kartoffeln heutigen
Tags noch schmecken!

Bald darauf wurde wieder ein Mahl bei diesem Herrn
abgehalten. Wieder kam eine bedeckte Schüssel; wieder
sagte der Gastgeber: „Meine Herren, ich werde Ihnen die
Frucht eines amerikanischen Gewächses darreichen, wozu
mir mein Freund, Francis Drake, den Samen geschickt hat."

Diese Frucht aber roch und schmeckte lieblich, und alle
anwesenden Gäste lobten sie.

„Meine Freunde," sprach jetzt der Herr, „von nun an
werde ich Alles erst gründlich untersuchen, ehe ich darüber
urtheile."

Kurze Zeit danach wurde der Anbau der Kartoffeln
in England verbreitet und in ganz Europa eingeführt.
Und jetzt ist dieses Gewächs ein wahrer Segen für die
ganze Menschheit und hat schon Tausende von Menschen
vor dem Hungertode bewahrt.

In manchen Gegenden nennt man die Kartoffeln
auch Erdäpfel oder Erdbirnen. — Warum gibt man
ihnen diesen Namen? —

Außer den gewöhnlichen Kartoffeln gibt es noch
Süßkartoffeln, welche in wärmern Ländern am besten
gedeihen.

C. Berufsarten.

19. Beschäftigungen der Menschen.

Wenn ein Mensch allein wohnt, muß er Alles selbst machen, was er braucht. Er muß seine Kleider machen, eine Wohnung bauen, das Feld bearbeiten, kochen, backen, waschen und noch gar manche andere Dinge verrichten.

Wenn aber viele Menschen beisammen wohnen, so theilen sie sich in die Arbeit. Die Einen bauen Häuser, Andere machen Kleider, Andere Pflüge und Wägen, wieder Andere kaufen und verkaufen Waaren, und Andere unterrichten Kinder, und so weiter. Kurz, jeder hat ein besonderes **Geschäft** oder **Gewerbe** oder einen besonderen **Stand**.

Auch von Euch wird später Jeder ein bestimmtes Geschäft oder einen gewissen Stand wählen. Wollt Ihr aber etwas Tüchtiges werden, so müsset Ihr jetzt schon fleißig lernen; denn

> „Was Hänschen nicht lernt,
> Lernt Hans nimmermehr.“

20. Die traurige Geschichte vom dummen Hänschen.

> Hänschen will ein T i s ch l e r werden,
>   Ist zu schwer der Hobel;
> S ch o r n st e i n f e g e r will er werden,
>   Doch ihm scheint's nicht nobel;
> Hänschen will ein B e r g m a n n werden,
>   Mag sich doch nicht bücken;
> Hänschen will ein M ü l l e r werden,
>   Doch die Säcke drücken;
> Hänschen will ein W e b e r werden,
>   Doch das Garn zerreißt er;
> Immer, wenn er kaum begonnen,
>   Jagt ihn fort der Meister.
> Hänschen, Hänschen, denke dran,
>   Was aus Dir noch werden kann!
>
> Hänschen will ein S ch l o ss e r werden,
>   Sind zu heiß die Kohlen;
> Hänschen will ein S ch u st e r werden,
>   Sind zu hart die Sohlen;

Hänschen will ein S c h n e i d e r werden,
    Doch die Nadeln stechen;
Hänschen will ein G l a s e r werden,
    Doch die Scheiben brechen;
Hänschen will Buchbinder werden,
    Riecht zu sehr der Kleister —
Immer, wenn er kaum begonnen,
    Jagt ihn fort der Meister.
Hänschen, Hänschen, denke dran,
    Was aus Dir noch werden kann!

Hänschen hat noch viel begonnen,
    Brachte nichts zu Ende;
Drüber ist die Zeit verronnen,
    Schwach sind seine Hände.
Hänschen ist nun Hans geworden,
    Und er sitzt voll Sorgen,
Hungert, bettelt, weint und klaget
    Abends und am Morgen:
„Ach, warum nicht war ich, Dummer,
    In der Jugend fleißig?
Was ich immer auch beginne —
    Dummer Hans nur heiß' ich.
Ach, nun glaub' ich selbst daran,
    Daß aus mir nichts werden kann!"

21. Der Bäcker.

Der **Bäcker** backt Brod, Kuchen und so weiter für sich und andere Leute.

Backt er ausschließlich s c h w a r z e s B r o d, so nennt man ihn .....; backt er hauptsächlich Z u c k e r w e r k, so heißt er .....

Das Mehl verwandelt der Bäcker erst in **Teig.** Auf welche Weise geschieht dies? — Nachdem der Teig gehörig g e k n e t e t ist, wird er in Form von **Laiben** oder **Kuchen** gebacken.

Wie heißt der Ofen, in welchem der Bäcker backt? Zu welcher Zeit arbeiten die Bäcker gewöhnlich?

22. Der Fleischer oder Metzger

hat diejenigen Thiere zu **schlachten,** deren Fleisch von den Menschen genossen wird.

Nachdem die Thiere geschlachtet, abgezogen und ausgenommen sind, wird das Fleisch in Stücke zerlegt und in dem Fleischerladen oder auf dem Markte verkauft.

Vieles Fleisch wird auch zerhackt oder in Maschinen gemahlen, um Würste daraus zu machen. — Nennet die Namen von solchen Würsten, die ihr schon gegessen habt.

Von wem wird das **Geflügel** geschlachtet? Welche Vögel rechnet man zu dem Geflügel? — Welche Thiere erlegt der **Jäger?** Welche Thiere nimmt der Jäger zu Hülfe, wenn er auf die Jagd geht?

23. Der Schneider

hat Röcke, Hosen oder Beinkleider und Westen für männliche Personen zu verfertigen.

Die genannten Kleidungsstücke müssen erst zugeschnitten, dann genäht und gebügelt werden. Aus welchen Stoffen werden sie gemacht?

Die **Kleider** für weibliche Personen werden verfertigt von der : . . . . . Welche Stoffe werden hiezu benutzt? Wie heißt man Personen, welche **Kappen** verfertigen? Wer macht **Hüte?** Aus was werden sie gemacht? Wer macht die Hüte für Frauenzimmer? —

Wer macht die **Hemden?** Woraus werden sie gemacht? — Die **Strümpfe** werden entweder gestrickt oder gewoben aus . . . . . — Wie nennt man die Kleider, welche man im Sommer trägt? Und wie diejenigen, welche im Winter getragen werden? — Der Schneider, die Nätherin, die Kleider- und Putzmacherin gebrauchen zur Anfertigung der Kleidungsstücke Nadel, Faden, Scheere und Bügeleisen.

Mädchen, scheut die Nadel nicht!
Höret, was das Sprüchwort spricht:
Selbst geflickt und selbst gemacht
Ist die beste Kleidertracht!

24. Die schönsten Hosen.

Am Sonntag auf der Gasse
Sich jüngst zwei Knaben sah'n,
Und jeder hatte neue
Gestreifte Hosen an.

Und als sie das gewahrten,
Begann die Zänkerei;
Denn jeder meint', die seinen
Die allerschönsten sei'n.

Und keiner von den Beiden
Gab's seinem Gegner zu,
Und als sie feindlich schieden,
Da war noch keine Ruh'.

Sie gingen rücklings weiter,
Gesichter zugewandt,
Und spotteten und schimpften
Einander zornentbrannt.

Doch plötzlich in die Pfütze
Sie stolpern alle Zwei —
Gleich sahen aus die Hosen,
Aus war die Zänkerei.

25. Der Schuster oder Schuhmacher

 verfertigt Schuhe, Stiefel und Pantoffeln.
An den Pantoffeln und Schuhen unterscheidet man: Sohle, Absatz und Oberleder. An einem Stiefel ist außer den genannten Theilen noch ein Schaft oder Rohr.

Woraus bestehen Pantoffeln, Schuhe und Stiefeln? Zu Schuhen und Pantoffeln werden statt des Oberleders häufig verschiedene Zeuge benutzt.

Im Winter trägt man Schuhe, welche größtentheils aus dickem Tuch, aus Filz oder Pelz bestehen.

Außer den Leder-, Zeug-, Tuch- und Pelz-Schuhen kenne ich noch Schuhe, welche aus keinem dieser Stoffe bestehen und wozu man auch weder Draht noch Stifte gebraucht. Was sind das für Schuhe?

Welche Werkzeuge gebraucht der Schuster bei seiner Arbeit? Wer liefert ihm das Leder? Woraus bereitet der Gerber das Leder? Aus welchen Thierhäuten macht man Sohlenleder und aus welchen Oberleder?

Gibt es außer den Schuhen, welche man an den Füßen trägt, auch noch andere Schuhe? An was werden sie getragen? Woraus bestehen sie?

26. Der Maurer.

Das Geschäft des **Maurers** besteht darin, die Mauern und Wände an den Gebäulichkeiten aufzuführen.

Die untersten Mauern nennt man Grundmauern. Warum werden sie so genannt?

Die Mauern bestehen aus Kalksteinen oder Backsteinen und an den Häusern reicher Leute wohl auch aus Marmorsteinen.

Seit neuerer Zeit werden sogar Häuser von Eisen gebaut, und in New York stand vor einigen Jahren ein Palast, welcher beinahe ganz aus Glas bestand.

Die Kalk- und Marmorsteine müssen erst behauen werden, ehe sie auf und neben einander gefügt werden können. Durch wen geschieht das?

Und die Backsteine müssen aus Thon geformt und gebrannt werden. Wer verrichtet diese Arbeit?

Damit die Kalk- und Backsteine und so weiter fest zusammenhalten, werden die Zwischenräume mit Mörtel ausgefüllt. Dieß ist eine Mischung aus gebrannten Kalksteinen, Wasser und Sand.

Welche Werkzeuge gebrauchen die Steinhauer? und welche die Maurer?

27. Der Zimmermann.

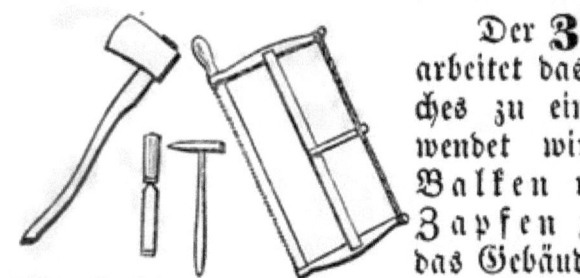

Der **Zimmermann** bearbeitet das Bauholz, welches zu einem Gebäude verwendet wird; errichtet die Balken und fügt sie durch Zapfen zusammen; bedeckt das Gebäude mit Brettern und Schindeln; legt die Fußböden und fügt die Thüren und Fenstergestelle ein.

Das meiste Bauholz liefern die Tannen; außer ihnen benutzt man aber auch Eichen und Eschen dazu. Das dauerhafteste Bauholz ergeben die Cedern. Dieses Holz wird aber nur von wohlhabenden Leuten benutzt. — Warum?

Die hauptsächlichsten Werkzeuge eines Zimmermanns sind: Säge, Art, Bohrer, Meißel und Hammer. Woraus besteht jedes dieser Werkzeuge? Wer macht sie? Wer verkauft sie? Wer gebraucht sie auch noch außer dem Zimmermann?

Wie nennt man diejenigen Zimmerleute, welche sich hauptsächlich mit dem Schiffbau beschäftigen?

Habt Ihr auch schon Wohnungen gesehen, die größtentheils aus Baumblöcken bestehen? Wo trifft man solche Hütten?

28. Der Schreiner oder Tischler.

Der **Schreiner** macht die übrigen Holzarbeiten an den Gebäuden, als Thüren, Fenster, Gesimse und so weiter; hauptsächlich sind es aber Schränke, Tische, Bettstellen, Bänke, Pulte und dergleichen Geräthe, die er verfertigt.

Auch kenne ich kleine Häuschen, welche der Schreiner macht und wovon gewöhnlich jeder Mensch eines nach seinem Tode bekommt. Wer weiß den Namen dieser Häuschen anzugeben?

Welche Werkzeuge gebraucht der Schreiner bei seiner Arbeit? Mit welchem Werkzeug macht er die rauhen Bretter glatt? Wozu gebraucht er den Leim?

29. Der Schmied

hat ein sehr anstrengendes Geschäft. Der Stoff, den er verarbeitet, läßt sich nur durch Feuer, Hammer, Feile und Meißel bemeistern. Und ein Holzfeuer genügt nicht einmal. Er muß Kohlen brennen und mit seinem Blasebalg stets Luft zublasen, um eine recht starke Hitze zu erzeugen.

Eisen, nichts als Eisen hat der Schmied zu bearbeiten. Daraus macht er Beschläge an Wägen, Kutschen, Pflüge und so weiter; ferner Schuhe für Pferde, Maulthiere und Esel; sowie Ketten, Schaufeln, Gabeln und gar manche andere Dinge.

Worauf legt der Schmied das Eisen, wenn es gehämmert werden soll? Wie heißen die Werkstätten, in welchen die Schmiede arbeiten? —

Wie nennt man diejenigen Schmiede, welche hauptsächlich Nägel machen? Wie diejenigen, welche nur Messer und Scheeren verfertigen? Und wie heißen diejenigen, welche kupferne Kessel und andere kupferne Geräthe liefern? Wer aber hauptsächlich in Gold und Silber arbeitet, wird wie genannt?

Bei welchem der genannten Schmiede sind die Abfälle am werthvollsten?

30. Der Wagner.

Der **Wagner** verfertigt die Holzarbeiten zu Kutschen, Wägen und Karren. Axt, Hobel, Meißel,

Hammer und Bohrer sind die hauptsächlichsten Werkzeuge, welche er dabei benutzt.

An einem Wagen unterscheidet man: Räder, Achsen, Gestell, Deichsel und Wage.

An den Wägen und Kutschen sind vier Räder, wovon die hintern höher sind, als die vordern. — An welchen Gefährten sind bloß zwei Räder? Welche Karren haben nur ein Rad? Wie viele Räder haben die Eisenbahnwägen? Warum sind die Räder an den Eisenbahnwägen nicht aus Holz, sondern aus Eisen gemacht?

Wie heißt man die Wägen, worin bloß Kinder gefahren werden? Wer zieht die Kinderwägen? Welche Thiere ziehen die Wägen und Kutschen? Wodurch werden die Eisenbahnwägen gezogen?

31. Der Küfer.

Der **Küfer** verfertigt Fässer, Kufen oder Bütten, Badewannen, Eimer und Kübel.

Die Fässer und Kufen werden aus Eichenholz gemacht; die Wannen, Eimer und Kübel aber meistens aus Tannenholz. Manche Eimer bestehen aber auch aus Cedernholz.

Die Bierfässer werden inwendig verpicht. Warum geschieht das?

Schneidemesser, Hobel, Hammer und Bohrer sind die hauptsächlichsten Werkzeuge der Küfer.

Welche Stoffe werden in den Fässern aufbewahrt? Was gibt es demnach für Fässer?

Habt Ihr auch schon gehört, daß ein Mensch in einem Fasse gewohnt hat?

In Griechenland lebte einst ein so sonderbarer Mann, der in einem Fasse wohnte. Das muß gewiß sehr bequem gewesen sein! — Dieser Mann hieß Diogenes. Später werde ich Euch mehr von ihm erzählen.

32. Der Klempner oder Blechner

verfertigt die meisten Küchengeräthe; zum Beispiel Kannen, Pfannen, Teller, Becher, Leuchter, Schöpflöffel und dergleichen; ferner macht er Ofenröhren, Dachrinnen und noch manche andere Geräthe, namentlich auch Spielwaaren.

Scheere, Zange und Hammer sind seine Hauptwerkzeuge, und Eisen- und Kupferblech sind die Stoffe, aus welchen er seine Geräthe macht.

Das Blech niethet er zusammen, wie Ihr an den Ofenröhren sehen könnt; oder er löthet es zusammen, wie man an den Kannen, Pfannen und Bechern wahrnehmen kann.

33. Der Kaufmann.

Der **Kaufmann** kauft Waaren ein, um sie zu verkaufen.

Gebäude, in welchen die Waaren aufbewahrt werden, nennt man Waarenhäuser oder Waarenlager. Und die Räumlichkeiten, in welchen sie verkauft werden, heißen Kaufläden.

Wie heißt ein Laden, in welchem bloß Ellenwaaren verkauft werden? Wer verkauft Eisenwaaren? Wer hat Porzellanwaaren feil? Wie heißen die Männer, welche Arzneien oder Medicinen bereiten und verkaufen? Wer verkauft Bücher? Wie nennt man einen Mann, der mit Wein handelt? Wer handelt mit Vieh?

Wenn in einem Kaufladen gar mancherlei Artikel verkauft werden, als: Kaffee, Zucker, Thee, Reis, Gewürze und so manche andere Dinge, welche man in einer Familie gebraucht, so ist er eine Grocery oder eine Sp, Specereihandlung.

34. Der Arzt oder Doctor

hat einen sehr wichtigen Beruf. Ein guter Arzt kann Hunderten von Menschen das Leben retten, während ein untauglicher Arzt vielen Personen zum Verderben gereicht.

Ein tüchtiger Arzt muß wissen, wie alle Theile des menschlichen Körpers beschaffen sind; auch muß er die verschiedenen Arzneimittel kennen und wissen, wie sie wirken.

Aerzte, welche sich hauptsächlich mit der Heilung von Wunden und Beinbrüchen beschäftigen, nennt man Chirurgen oder Wundärzte. — Womit beschäftigen sich die Augenärzte besonders?

Ein Papier, warauf die Arzneimittel verzeichnet sind, welche eine kranke Person einzunehmen hat, nennt man ein Recept.

Einen guten Arzt soll Jedermann in Ehren halten; einem schlechten Arzte dagegen sollte man „das Handwerk verbieten."

35. Ein gutes Recept.

Der Kaiser Joseph in Wien war ein weiser und wohlthätiger Monarch, wie Jedermann weiß; aber nicht alle Leute wissen, wie er einmal der Doctor gewesen ist und eine arme Frau kurirt hat. Eine arme, kranke Frau sagte zu ihrem Büblein: „Kind, hol mir einen Doctor, sonst kann ichs nimmer aushalten vor Schmerzen." Das Büblein lief zum ersten Doctor und zum zweiten, aber keiner wollte kommen, denn in Wien kostet ein Gang zu einem Patienten einen Gulden (40 Cents), und der arme Knabe hatte nichts als Thränen, die wohl im Himmel als gute Münze gelten, aber nicht bei allen Leuten auf der Erde. Als er zu dem dritten Doctor auf dem Wege war, fuhr langsam der Kaiser in einer offenen Kutsche an ihm vorbei; der Knabe hielt ihn wohl für einen reichen Herrn, ob er gleich nicht wußte, daß es der Kaiser ist, und dachte: ich wills probiren. „Gnädiger Herr", sagte er, „wollet Ihr mir nicht einen Gulden schenken, seid so barmherzig!" Der Kaiser dachte: der faßts kurz und denkt, wenn ich den Gulden auf einmal bekomme, so brauch ich nicht sechzigmal um den Kreuzer zu betteln. „Thuts ein Vierundzwanziger nicht auch?" fragt ihn der Kaiser. Das Büblein sagte: „Nein", und offenbarte ihm, wozu er des Geldes benöthigt sei. Also gab ihm der Kaiser den Gulden und ließ sich genau von ihm beschreiben, wie seine Mutter heißt und wo sie wohnt, und während das Büblein zum dritten Doctor springt, und die kranke Frau betet daheim, der liebe Gott wolle sie nicht verlassen, fährt der Kaiser zu ihrer Wohnung und verhüllt sich ein wenig in seinen Mantel, also daß man ihn nicht erkennen konnte. Als er aber zu der kranken Frau in ihr Stüblein kam, meint sie, es ist der Doctor und erzählt ihm ihre Umstände, und wie sie noch so arm dabei sei und sich nicht pflegen könne. Der Kaiser sagte: „Ich will Euch dann jetzt ein Recept verschreiben", und sie sagte ihm, wo des Bübleins Schreibzeug ist. Also schrieb er das Recept und belehrte die Frau, in welche Apotheke sie es schicken müsse, wenn das Kind heim kommt, und legte es auf den Tisch. Als er aber kaum eine Minute fort war, kam der rechte Doctor auch. Die Frau verwunderte sich nicht wenig, als sie hörte, er sei auch der Doctor, und entschuldigte sich, es sei schon einer da gewesen, und habe ihr Etwas verordnet, und sie habe nur auf ihr Büblein gewartet. Als aber der Doctor das Recept in die Hand nahm und sehen wollte, wer bei ihr gewesen sei und was für einen Trank oder Pillen er ihr verordnet hat, erstaunte er auch nicht wenig und sagte zu ihr: „Frau, Ihr seid einem guten Arzt in die Hände gefallen, denn er hat Euch hundert Thaler verordnet, beim Zahlamt zu erheben, und unten dran steht: „Joseph". Eine solche Arznei hätt' ich Euch nicht ver=schreiben können." Da that die Frau einen Blick gen Himmel und konnte Nichts sagen vor Dankbarkeit und Rührung. Das Geld wurde hernach richtig und ohne Anstand von dem Zahlamt ausbezahlt, und der Doctor verordnete ihr eine Arznei und durch die gute Pflege, die sie sich jetzt verschaffen konnte, stand sie in wenig Tagen wieder auf gesunden Beinen. Also hat der Doctor die kranke und der Kaiser die arme Frau kurirt.

36. Der Lehrer.

Ein **Lehrer** hat die Aufgabe, Kinder und auch erwachsene Personen zu u n t e r r i c h t e n. Dieß geschieht gewöhnlich wo?

Gehorsame S c h ü l e r zu unterrichten, ist ein wahres Vergnügen. Träge, achtlose und ungehorsame Schüler aber bereiten Lehrern und Eltern viel Verdruß.

Kinder, die gern lernen und artig sind, sind bei Jeder=

mann beliebt, und später ist es ihnen ein Leichtes, irgend ein nützliches Geschäft oder Handwerk zu erlernen.

Wer aber in seiner Jugend wenig lernt, dem geht es später sehr schwer, das Versäumte nachzuholen.

Wo unterrichten die Prediger? An welchen Tagen predigen sie gewöhnlich? Was thun die Zuhörer ehe die Predigt beginnt und nachdem sie beendigt ist? Mit was wird der Gesang in der Kirche gewöhnlich begleitet?

37. Was Vater Pestalozzi aus einem armen Hausknechte gemacht hat.

Im Jahre 1790 lebte auf dem Birrfelde in einem niederen Hause ein kleiner, menschenfreundlicher Mann, Heinrich Pestalozzi. Derselbe nahm alle verlassenen, armen Kinder von der Straße in sein Haus, und lehrte sie denken, beten und arbeiten. Denn mit Denken, Beten und Arbeiten kommt auch der Aermste durch die Welt.

Darnach brachten aber die Franzosen einen schrecklichen Krieg ins Land. In Unterwalden kamen an einem Tage viele hundert Väter und Mütter ums Leben. Da ging Pestalozzi hin, und sammelte die Kinder der umgekommenen Aeltern in ein Haus, und kleidete, reinigte, nährte und unterrichtete sie, wie ein Vater. Darum nannten ihn auch die Kinder und später alle Leute „Vater Pestalozzi", so lange er lebte.

Nachher begab er sich ins Waatland, und richtete im Schloß Iferten eine große Bildungsanstalt für Kinder aus allen Ländern ein, und stellte viele Lehrer an. Da kam eines Tages ein reisender Maurergeselle, Namens Laspe, in die Anstalt und wollte als Zögling aufgenommen werden. Allein er war zu alt; daher stellte ihn Vater Pestalozzi nur als Stiefelputzer an. Laspe putzte nun die Stiefel und that noch andere Dienste im Hause. Des Nachts aber suchte er ein Licht zu bekommen, damit er in seinem Kämmerlein lesen, schreiben und rechnen konnte.

Nun ging einst Vater Pestalozzi im Hause herum, und sah, daß Laspe vor der Thüre eines Schulzimmers kniete, und durch das Schlüsselloch hinein dem Unterrichte des Lehrers aufmerksam zuhorchte. Plötzlich klopfte ihm Vater Pestalozzi auf die Schulter und fragte ihn freundlich: „Laspe, was machst Du da?" Laspe erschrak und sprach: „Ich bin in der Schule."

„Du lügst!“ sagte Vater Pestalozzi. „Du kniest ja nur vor der Thüre. Aber weil Du so lernbegierig bist, so sollst Du von nun an wirklich in die Schule.“ Und er machte die Thüre auf, und setzte ihn in eine Bank. Kaspe wurde durch seinen Fleiß bald der beste Schüler, hernach sogar ein ausgezeichneter Lehrer, und später Vorsteher der berühmten Lehranstalt zu Wiesbaden in Deutschland. Bis zu seinem Tode verehrte er den Vater Pestalozzi als seinen größten Wohlthäter auf Erden.

38. Der Maler

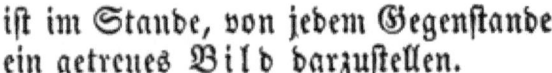

ist im Stande, von jedem Gegenstande ein getreues Bild darzustellen.

Erst nimmt er einen Bleistift und macht eine Zeichnung von der Person oder Sache, die er malen will.

Ist die Zeichnung richtig, dann nimmt der Maler den Pinsel und trägt die Farben auf, welche zu dem Bilde passen.

Ein guter Maler kann Bilder von Personen machen, daß man auf den ersten Blick erkennt, wen sie darstellen sollen. Zu solchen Bildern braucht er indeß ziemlich viel Zeit.

Seit etwa dreißig Jahren aber kennt man die Kunst, Bilder in einigen Sekunden anzufertigen. Das sind die Lichtbilder.

Und einen Maler kenne ich, der malt von jedem Gegenstand, den er sieht, das getreuste Bild in einem Augenblick. Wie heißt dieser Maler?

39. Der Musiker

versteht ein Instrument oder auch mehrere Instrumente gut zu spielen.

Die bekanntesten Instrumente sind: Die Orgel, das Piano oder Klavier, die Violine oder Geige, die Flöte, die Clarinette, die Trompete, das Waldhorn, die Trommel und die Hand= und Mundharmonika.

Wer die Orgel gut spielen kann, ist ein Organist. Wie nennt man eine Person, welche das Piano, die Violine und so weiter gut spielt?

Könnet Ihr auch Musik machen, ohne eins der genannten Instrumente zu gebrauchen? — Auch Gesang ist Musik und zwar Musik, welche von Jedermann betrieben werden kann.

„Wo man singt, da laß Dich fröhlich nieder;
Böse Menschen haben keine Lieder."

Die Musik trägt sehr viel zur Erheiterung und Verschönerung des Lebens bei und sollte daher immer mehr gepflegt werden!

40. Der Landmann oder Farmer

 ist eines der nützlichsten Mitglieder der menschlichen Gesellschaft.

Er bebaut die Felder, zieht Getreide, Gemüse, Obst, Pferde, Vieh, Schafe, Schweine, Geflügel, überhaupt solche Artikel, die zum Lebensunterhalt der Menschen dienen.

Vor Beginn des Winters säet er Weizen und Roggen. Im Winter versorgt er seine Hausthiere, bessert die Umzäunungen seiner Felder aus, macht wohl auch neue Zäune und liefert Brenn= und Bauholz auf den Markt.

Im Frühjahr säet er Gerste und Hafer, pflanzt Welschkorn und Gemüse und bringt letzteres zu Markte.

Im Sommer ist er besonders geschäftig. Weizen, Roggen, Hafer und Gerste werden im Monat Juli reif und müssen geerntet und gedroschen werden.

Das Gras und den Klee mäht er mit Sensen oder Maschinen, und nachdem sie durch die Sonnenhitze gedörrt sind, fährt er sie in Scheunen oder läßt sie in großen, abgerundeten Haufen auf den Feldern stehen.

Unterdessen ist es Herbst geworden. Das Welschkorn hat seine Reife erlangt und muß abgehackt und die Aehren müssen abgenommen werden.

Nebenbei werden Butter und Käse aus der Milch der Kühe bereitet und diese, nebst Eiern, Gemüse, Obst und so weiter auf den Markt gebracht.

So ist der Landmann Jahr aus und Jahr ein vom Morgen bis in den Abend beschäftigt. Es ist ihm daher sehr wohl zu gönnen, wenn er für seine Mühe reichlich belohnt wird.

Wenn sich ein Landmann hauptsächlich mit Gemüsebau beschäftigt, so nennt man ihn Gärtner. — Was ist die Hauptbeschäftigung des Obstzüchters, des Bienenzüchters und des Winzers?

Was muß der Landmann mit den Feldern thun, ehe er sie bepflanzen kann? Welche Thiere benutzt er zum Pflügen? Wozu gebraucht er die Egge?

41. Der Soldat oder Krieger.

Ein Soldat ist ein Mann, der sein Vaterland mit Waffen vertheidigt.

Die hauptsächlichsten Waffen sind: Muskete, Pistolen, Säbel und Kanonen. — Was wird in die Schießgewehre geladen, um schießen zu können? Woraus werden die Kugeln für Musketen und Pistolen gegossen? Woraus bestehen die Kanonenkugeln?

Etwa achtzig bis hundert Soldaten bilden eine Kompagnie und werden von einem Kapitän oder Hauptmann befehligt. Acht bis zehn Kompagnien bilden ein **Regiment**, das von einem **Colonel** oder **Oberst** commandirt wird.

Mehrere Regimenter bilden ein **Heer** und stehen unter dem Befehl eines **Generals**.

In **Friedenszeiten** sind die Soldaten in **Garnison**; im **Kriege** aber kämpfen sie gegen die **Feinde** ihres Vaterlandes.

Wenn eine Partei **gesiegt** hat, so wird **Friede** geschlossen.

Durch Kriege wird sehr viel Elend gestiftet. Tausende von Menschen werden geopfert; Städte und Dörfer werden niedergebrannt, die Felder verwüstet und Hungersnoth und Krankheiten erzeugt.

Wenn die Menschen einmal alle vernünftig denken und handeln, dann haben die Kriege ein Ende.

Der Rekrut.

Wer will unter die Soldaten,
Der muß haben ein Gewehr;
Das muß er mit Pulver laden
Und mit einer Kugel schwer.

Der muß haben an der Seiten
Einen Säbel spitz und scharf,
Daß er, wenn die Feinde streiten,
Schießen und auch fechten darf;

Und ein Roß zum Galoppiren
Und von Silber auch zwei Spor'n,
Daß er kann den Gaul regieren,
Wenn er Sprünge macht im Zorn.

Einen Schnurrbart an der Nasen,
Auf dem Kopfe einen Helm —
Sonst — wenn die Trompeten blasen,
Ist er nur ein armer Schelm.

(Güll.)

42. Einige weitere Gewerbe.

Außer den genannten Beschäftigungen gibt es noch manche andere, worüber wir aber bloß noch einige Fragen stellen können.

Wer braut Bier? Woraus wird es bereitet? — Wer macht Branntwein? Woraus wird er gebrannt? — Wer fabricirt Essig? Woraus? — Wer verkauft die Getränke im Kleinen? — Wer färbt Zeuge? Welche Farben könnt Ihr angeben?

Wer macht Uhren? Welche Arten von Uhren kennt Ihr? — Wer verfertigt Bürsten? Woraus werden sie gemacht? — Wer macht Schirme? Welche Sorten von Schirmen kennt Ihr? Woraus besteht ein Schirm?

Wer flicht Körbe? Woraus werden sie geflochten? Wer macht Kämme? Aus was werden sie gemacht? — Was willst Du einst werden?

D. Etwas aus der Gesundheitslehre.

43. Gesundheit.

Wenn der Mensch **gesund** sein will, muß er zu gehöriger Zeit gesunde Nahrung genießen und zwar nicht zu viel und nicht zu wenig.

Ferner muß er reinlich sein, passende Kleider tragen, sich gehörig bewegen und zu rechter Zeit ruhen.

Die Gesundheit ist ein köstliches Gut. Wer gesund ist und sich seines Lebens freut, kann nicht bloß für sich, sondern auch für Andere sorgen.

Wer aber krank ist, fühlt Schmerzen und kann sich selbst nicht helfen, sondern muß sich helfen lassen.

Es ist die Pflicht der Gesunden, die Kranken zu pflegen; vorzüglich aber sollen Kinder ihren Eltern und Geschwistern allen möglichen Beistand leisten.

Wird Jemand krank, so muß man alsbald einen tüchtigen Arzt zur Hülfe herbeirufen, und der **Patient** muß die Arzneien nehmen und sich überhaupt so verhalten, wie der Doctor vorschreibt.

44. Reinlichkeit.

Wenn der Mensch gesund sein will, muß er nicht bloß gesunde Nahrung, frisches Wasser und frische Luft genießen; er muß vor Allem auch **reinlich** sein.

> „Reinlichkeit erhält den Leib
> Zieret Kinder, Mann und Weib."

Unreinlichkeit dagegen ist ebenso schädlich, als ekelhaft.

Nie sollte ein Kind mit ungewaschenem Gesicht, unreinen Händen, ungekämmten Haaren oder schmutzigen Kleidern zur Schule — oder überhaupt aus dem Hause gehen. Und eben so rein wie seinen Körper und seine Kleider, sollte es auch seine Bücher und Schreibhefte halten.

Wer sich frühzeitig an Reinlichkeit gewöhnt, kann später nicht mehr leicht unreinlich werden; denn das Sprüchwort sagt:

> „Jung gewohnt — alt gethan!"

Das schmutzige Büblein.

> Das Büblein liebt das Wasser nicht,
> Hat auch stets ein schmutzig Gesicht.
> Das Bächlein sieht's und sagt: „Hierein!
> Das Büblein muß gewaschen sein!"
>
> Das Büblein schreit und läuft davon,
> Das Bächlein hat's beim Beine schon;
> Es zieht das Büblein ganz hinein
> Und wäscht und fegt es nett und rein.

45. Das Bad.

Das **Bad** ist ein ebenso gutes Reinigungs- als Stärkungsmittel, wenn es auf die rechte Weise und zu rechter Zeit angewandt wird.

Zur Sommerzeit sollte sich jeder Mensch, besonders aber die Kinder, wöchentlich ein oder zwei Mal baden. Im Winter ist es nicht so oft nothwendig. Warum?

Wenn sich Kinder in Teichen oder Flüssen baden, so sollte dieß nie ohne Aufsicht von Erwachsenen geschehen. — In St. Louis vergeht im Sommer keine Woche, in welcher man nicht in den Zeitungen lesen kann: Der Knabe . . . . ist in einem Teiche oder in dem Mississippi=Strom ertrunken, und dennoch lassen es sich viele Knaben und Jünglinge nicht zur Warnung dienen!

Wie schädlich das Baden ist, wenn man mit erhitztem Körper in das Wasser geht, wird Euch folgendes Beispiel zeigen.

Im Sommer 1861 wohnte in St. Louis der Sohn eines benachbarten Lehrers. Dieser junge Mann war damals sehr gesund und stark.

Eines gewissen Nachmittags ging er mit erhitztem Körper in den Mississippi=Strom, um sich durch ein Bad abzukühlen.

Bald darauf fühlte er heftige Schmerzen in der Brust und — sechs Wochen danach war er eine Leiche.

46. Die Kleidung.

Um unsern Körper gegen Kälte und Hitze, sowie gegen Regen zu schützen, müssen wir ihn bedecken. Was wir dazu bedürfen, nennen wir **Kleider**.

Knaben und Männer tragen andere Kleider, als Mädchen und Frauen. — Wie heißen die Kleidungsstücke der Knaben — wie die der Mädchen?

Außerdem, daß die Kleidung stets rein sein soll, muß sie auch passend und bequem sein. Zu enge Schuhe und Stiefel erzeugen die schmerzhaften Hühneraugen an den Zehen, und zu enge Bänder um Arme, Beine und den Leib hemmen den Lauf des Bluts und bringen Krankheiten hervor.

Im Sommer sind die leichten und hellen Kleider am zweckmäßigsten; im Winter aber soll der Anzug wie sein?

Wenn es im Frühjahr oder Herbst plötzlich kalt wird, muß man die leichten Kleider eben so schnell gegen wärmere vertauschen, sonst zieht man sich Erkältungen zu.

Die Mädchen sollten frühzeitig stricken, nähen und waschen lernen. Arbeiten beschämt Niemanden. Eine Schande aber ist es, wenn man nicht arbeitet.

In Deutschland lebte einst ein Kaiser Namens Karl, der war so geachtet, daß man ihn „den Großen" nannte. Und was thaten dessen Frau und Töchter? — Sie spannen Flachs und Wolle, woben Tuch und machten Kleider für sich und die übrigen Mitglieder der Familie. Und der Kaiser selbst trug diejenigen Kleider am liebsten, welche ihm seine Frau und Töchter verfertigten.

Das Mädchen.

Ich bin ein kleines Mädchen,
Soll drehen das Rädchen,
Soll flicken und stricken,
Mich bücken und schicken,
Soll nädeln und fädeln,
Soll waschen und glätten,
Soll hacken und jäten,
Soll scheuern und fegen
Die Stuben und Stegen.

47. Bewegung und Ruhe.

Wollt Ihr frisch und munter bleiben,
Dürft Stubenhocker Ihr nicht sein!
Ihr müsset Eure Zeit vertreiben
Mit Spiel und Arbeit — nicht Trägsein.

Hinaus zum **Spiel**, ob warm oder kalt;
Flink an die **Arbeit**, ob jung oder alt!

Hopp, hopp, hopp,
Das **Pferdchen** läuft Galopp!
Das **Wägelein** ist wohl geschmiert,
Läuft rasch wohin's der Knabe führt.

Schlagt den **Reif,** daß weit er springt
Und dazu ein Liedlein singt!

Den **Ball** regieret wohlgemuth,
Daß er Niemand wehe thut!

Fahrt um die Wette mit dem **Schlitten,**
Doch niemals in der Straße Mitten.

Gibt Vater und Mutter Etwas zu **thun,**
Thut's schnell und laßt die Spiele ruh'n.

Vergeßt dabei die **Schule** nicht
Und merket, was der Lehrer spricht:
„Die Lection lernt jeden Tag,
Damit sich Jedes freuen mag!"

Geht zeitig zu Bette und früh wieder d'raus,
Sonst sticht Euch die Sonne die Augen gar aus!

E. Etwas über das Alter der Menschen und die Menschenrassen.

48. Das Alter.

Junge Menschen heißen **Kinder.** Ein Kind ist entweder ein Knabe oder ein Mädchen.

Kinder können sich nicht selbst helfen. Ihre Eltern, das ist Vater und Mutter, müssen für sie sorgen. Das kostet viel Mühe und Arbeit; deßhalb ist es Pflicht der Kinder, ihren Eltern zu gehorchen und ihnen dankbar zu sein.

„Ehre Vater und Mutter, auf daß Dir's wohl gehe!"

Wenn die Kinder zur Schule gehen, nennt man sie .... Als Schüler haben sie wem zu folgen?

Wenn die Kinder das fünfzehnte Jahr erreicht haben, nennt man die Knaben **Jünglinge** und die Mädchen **Jungfrauen.**

Später werden aus den Jünglingen **Männer** und aus den Jungfrauen **Frauen**. Und wenn Männer und Frauen alt sind, nennt man sie **Greise**. — Greise soll man ehren und sie unterstützen, wenn sie es bedürfen.

49. Menschenrassen.

Alle Menschen sind einander ähnlich, aber nicht gleich. Die Farbe ihrer Haut, ihre Gesichtsbildung, ihre Haare und so weiter sind sehr verschieden von einander.

Die meisten Menschen, mit welchen Ihr zusammen lebt, haben eine weiße Hautfarbe und werden von Euch für die schönsten gehalten. Sie gehören zu der **kaukasischen Rasse**.

Andere Menschen haben eine schwarze Hautfarbe und schwarze, wollige Haare; sie gehören der **afrikanischen Rasse** an.

Wieder andere haben eine röthliche Hautfarbe und werden **Indianer** genannt.

Wo wir jetzt wohnen, lebten früher Indianer; denn als Christoph Columbus Amerika entdeckte, traf er nur Indianer in diesem Welttheile an. Nach und nach sind sie aber von den „Weißen" vertrieben worden, so daß sie jetzt nur noch selten sind.

Es ist unrecht, wenn wir Menschen verachten oder gar mißhandeln, welche anders aussehen als wir. Sie sind Geschöpfe Gottes wie wir, und es ist eben so wenig ihre Schuld, daß sie nicht weiß aussehen, als es unser Verdienst ist, daß wir nicht roth oder schwarz sind.

Wenn irgend Jemand in Noth ist und wir können ihm helfen, so ist es unsere Pflicht, so zu thun, ohne erst zu fragen: „Wer bist Du?" — oder: „Welche Farbe hast Du?"

II. Naturgeschichte.

50. Die Natur.

Was seh' ich doch Alles, wenn ich so umherblicke! Wie viel tausend verschiedene Dinge, große und kleine, stehen und bewegen sich hier unter einander! Ueber mir sehe ich den blauen Himmel und die leuchtende Sonne. In der Luft flattern die Vögel und erfreuen durch ihren Gesang mein Ohr. Dort schlängelt sich ein Fluß durch die grasreichen Wiesen; hier breiten sich fruchtreiche Kornfelder aus; dort erheben sich Rebenhügel, und in bläulicher Ferne schließt ein Gebirge und ein dichter Wald meinen Gesichtskreis. — O, wie schön ist doch die Natur, und wie groß und gütig muß der sein, der Alles dieß hervorgebracht hat und erhält — Gott! Ich sehe ihn nicht, denn er ist unsichtbar; aber ich sehe sein Werk, die Natur, und fühle ihn in meinem Innern, und bete ihn an als meinen Schöpfer und Vater.

51. Gegenstände in der Natur.

Alles, was man in der Natur wahrnimmt, ist ein Gegenstand der Natur oder ein Naturgegenstand. Es gibt aber verschiedene Arten von Gegenständen der Natur.

Es gibt Gegenstände, welche mit ihren Theilen an einander bleiben, wie der Baum. Und dann gibt es Gegenstände, welche zerfließen, wie das Wasser. Die Gegenstände, welche an einander bleiben, sind fest; und die, welche zerfließen, sind flüssig. Es gibt also feste und flüssige Gegenstände.

Es gibt weiter Gegenstände, welche leben, wie der Mensch und die Thiere. Und dann gibt es Gegenstände, welche nicht leben, wie der Stein. Die Gegenstände, welche leben, sind lebendig; und die, welche nicht leben,

sind leblos. Es gibt also lebendige und leblose
Gegenstände.

Wenn es nun feste und flüssige, lebendige
und leblose Gegenstände gibt; wer kann dann von jeder
Art zehn oder zwanzig aufzählen? Und wer weiß dann
noch von jedem derselben eine Eigenschaft und eine Hand=
lung auszusagen?

52. Von den Thieren.

Ueberall auf der Erde, in der Luft und im Wasser
wimmelt es von Thieren; und Jedes freut sich seines Lebens.
Schafe, Ziegen, Kühe, Ochsen und Pferde grasen auf der
Weide. Die Tauben streichen über die Dächer auf's Feld
hinaus. Andere Vögel hüpfen und fliegen von Zweig zu
Zweig. Das Gequake der Frösche an den Frühlings= und
Sommerabenden ist bekannt. In den Bächen und Flüssen
schwimmen die Fische um die Wette; bald geht es aufwärts
bald abwärts. Die Bienen summen und fliegen von
Blume zu Blume. Bunte Schmetterlinge flattern umher,
so daß es eine Lust ist, ihnen zuzusehen. Auf der Erde
wimmelt es von Käferchen und allerhand Würmlein.

> Die Lämmlein hüpfen auf Rasen grün;
> Die Bienlein schlüpfen auf Blumen hin;
> Die Vöglein singen die ganze Zeit;
> Die Luft muß erklingen so weit und breit.

Alle diese Thiere bewegen sich von ei=
nem Ort zum andern nach eigenem Willen.
Sie alle empfinden Freude und Schmerz;
sie alle bedürfen der Nahrung, wachsen und
pflanzen sich fort.

Die Thiere sind sehr verschieden. Es gibt große und
kleine Thiere. Der Hund hat vier Füße, die Gans hat nur
zwei Füße, die Schlange ist fußlos, und die Raupe hat mehr
als fünfzig Füße. Einige Thiere gehen, laufen, springen;
andere fliegen; andere hüpfen; andere schwimmen; und
wieder andere kriechen. — Welche?

Die Stimmen der Thiere sind wiederum sehr verschieden. Das Brüllen der Ochsen erschreckt uns. Der Gesang der Vögel ergötzt uns. Den Schlag der Wachtel, das Zwitschern der Schwalben und das Summen der Bienen hören wir gerne. — Sehr viele Thiere sind jedoch stumm. — Welche?

Viele Thiere sind mit Haaren bedeckt, andere mit Federn, mit Schuppen oder auch mit einer harten Schale. Feste, weiche und flüssige Theile, oder Knochen, Fleisch und Blut haben nicht alle Thiere; bei vielen fehlen die Knochen. — Welche Thiere haben rothes, warmes Blut? Welche haben rothes, kaltes Blut? Und welche haben ein weißliches Blut? —

Der Maulwurf wohnt in der Erde; der Rabe läßt meistens sein „rab! rab!" vom Baume herab erschallen. —

Das Pferd schläft nur wenig. Die Eule schläft am Tage und fliegt Nachts auf ihren Raub aus. Frösche und Schlangen verfallen in einen langen Winterschlaf. —

Die meisten Thiere legen Eier, woraus die Jungen entstehen. Die Frösche umgeben ihre Eier mit einer schleimigen Masse, damit sie nicht fortfließen und nicht auf den Boden sinken. —

Die Kuh ist ein sehr nützliches Thier. Die Maus dagegen ist uns ein lästiger Gast; sie ist ein schädliches Thier. Bei den Menschen leben die zahmen Thiere und fürchten sich nicht; außer ihnen gibt es auch noch viele wilde Thiere.

Die Thiere können nicht denken. Sie wissen nicht, daß der Baum Obst bringt und daß die freundliche Sonne auf der Erde hell und warm macht.

Wer sagt aber den Zugvögeln die Zeit zum Fortziehen? Wer lehrt die jungen Vögel ihre Nester bauen?

Das ist der Naturtrieb bei den Thieren.

53. Das Pferd.

Das **Pferd** ist groß und stark. Es hat einen länglichen Kopf, ein langgespaltenes Maul und weite Nasenlöcher, große, helle Augen und spitze Ohren. Der Hals ist lang und die Brust ist breit. Die Mähne und der Schweif sind langhaarig. Der Rücken ist breit und eingebogen. Die ziemlich langen Beine haben ungespaltene Hufe. Sie werden mit Eisen beschlagen.

Die Farbe der Pferde ist sehr verschieden. Es gibt Rappen, Schimmel, Füchse, Braunen. Das Füllchen nimmt sich auf seinen hohen Beinen gar nett aus. Es macht sehr lustige Sprünge, wenn es bei seiner Mutter auf der Weide ist oder mit ihr zur Tränke geht. Ist aber das Pferd drei Jahre alt und stark und groß genug, dann wird es beschlagen, und der Zaum wird ihm angelegt.

Es muß Wagen und Pflug ziehen lernen, oder der Reiter schnallt ihm den Sattel auf. Er richtet es ab und reitet auf ihm, Schritt, Trab, Galopp. Er macht Reisen mit ihm, oder braucht es im Krieg. Das Alles läßt sich das geduldige Thier auch gefallen und ist gelehrig, treu, folgsam und muthig dabei; nur darf es in der Jugend nicht verzogen worden sein.

Pferde, die unreinlich gehalten werden und ihre Leibspeise, den Hafer, spärlich bekommen, werden vor der Zeit alt, steif und träge. Pferde von Muth, Kraft und Lust geberden sich stolz, scharren mit den Vorderfüßen und wiehern; steife und abgelebte Pferde aber sind immer schläfrig. Böse Pferde beißen und schlagen aus. Vor ihnen muß man sich hüten! —

54. Der Esel.

Der Esel ist kleiner, als das Pferd und grau; er hat lange Ohren, frißt Disteln, Gras, Klee, Heu und so weiter.

In gebirgigen Gegenden benutzt man ihn hauptsächlich zum Reiten und als Lastthier, weil er einen viel sicherern Gang hat, als das Pferd.

Knabe und Esel.

Knabe: Esel, ein Räthsel, rath einmal:
　　　Es ist ein Thier gar grau und fahl,
　　　Hat kurzen Verstand und Ohren lang,
　　　Schreit I=a und schleicht mit trägem Gang.

Esel: Mein Knabe, das ist mir zu schwer und fein,
　　　Was mag das für ein Thierchen sein?
　　　Da rief ihm der Knabe mit Lachen zu:
　　　„Ei, schäme dich Esel, das bist du.“

55. Die Kuh.

Die Kuh ist unser nützlichstes Hausthier. Sie sucht ihr Futter auf der Weide, oder wird im Stall gefüttert.

Den fast viereckigen Kopf trägt sie gesenkt. Die zwei dicken Augen sind trübe.

Auf dem Kopfe sitzen zwei gebogene Hörner, womit sie sich gegen Menschen und Thiere wehren kann. Der Huf an jedem Fuß ist einmal gespalten. Weiter oben an jedem

Fuße sind noch zwei runde Zehen mit Hornschuhen. Der Schwanz ist unten mit einem Haarbüschel versehen. Ihre Farbe ist bald roth, bald weiß, bald braun, bald grau= schwarz.

Die Kuh nützt uns am meisten durch ihre Milch. Die süße Milch in den Töpfen wird bald dick und sauer. Der Rahm oben wird abgeschöpft und zu Butter ge= stoßen. Aus Dickmilch bereitet man den Käse und nur Molken bleibt übrig. Daß das Fleisch, die Haut, die Hörner und das Fett von den Kühen benutzt wird, ist be= kannt. Auch wird die Kuh vor den Wagen, vor die Egge und vor den Pflug gespannt; sie wird somit als Zugthier benutzt.

Kind und Kuh.

Kind. Kuh, die die weiße Milch uns gibt,
Bist ja heute so sehr betrübt,
Sprangst auf der grünen Wiese doch
Gestern so froh mit dem Kälbchen noch.
Heute schreist du kläglich: „Muh! muh!"
Sag', was fehlet dir, liebe Kuh?

Kuh. Ach, der Schlächter ist früh gekommen,
Hat mir mein buntes Kälbchen genommen,
Hetzte die bösen Hunde ihm nach,
Gab ihm gar manchen harten Schlag.
Kind darf froh bei den Eltern sein;
Schlächter macht todt das Kälbchen mein.

56. Das Schaf.

Das **Schaf** ist ein aller= liebstes Thier. Es ist so sanft, so treu und geduldig. Es hat ein dickes, krauses Kleid an, aus dem nur der Kopf mit den Ohren und die Beine mit den gespalten Füß= chen hervorgucken. Am liebsten hält sich das Schaf im Freien bei seiner Heerde auf. Da beißt es die zarten

Grasspitzchen ab, blöckt dabei und legt sich ruhig nieder, wenn es satt ist.

Vor dem bösen Schäferhund, der auf die Schafe Acht geben muß, fürchtet sich das arme Schäfchen gar sehr. Dieser beißt es oft in's Bein, oder rupft ihm Wolle aus, wenn es dem Bauer ein wenig Klee auf dem Acker wegnascht. Das liebe Thier kann sich nicht wehren. Es thut auch keinen Schmerzensschrei. Aber seinen Hirten liebt es treu und folgt ihm, wenn er lockt oder pfeift.

Das Schaf ist dem Menschen von sehr großem Nutzen. Man kann Alles von ihm gebrauchen. Das Fleisch gibt gesunde Speise. Aus den Knochen werden Knöpfe verfertigt. Die Gedärme werden zu Saiten gedreht, die man für das Spinnrad oder für die Geige gebraucht. Das Fell wird zu Leder gegerbt. Aus den Füßen und aus den Abfällen der Haut wird Schreinerleim gesotten. Aber, nun sage, wozu wird die Wolle benutzt? —

Es gibt weiße und schwarze Schafe. Von welcher Sorte gibt es am meisten? Warum fressen die weißen Schafe mehr als die schwarzen? In welchem Monate fressen alle Schafe am wenigsten?

57. Merk's, Marr!

Marr war noch ein kleiner Bube; und doch hatte er schon eine Freude, wenn er Hunde, Hühner, Gänse und Enten mit Steinen werfen oder andere Thiere sonstwie plagen konnte.

Nun standen einst bei dem Wirthshause zwei Schafe angebunden. Gleich lief Marr hinzu, schlug die Schafe, riß sie hin und her und rupfte ihnen ganze Büschel Wolle aus. Die armen Thiere schrien und blöckten zwar sehr; aber der böse Bube lachte nur dazu.

Da kam der Mann, dem die Schafe gehörten, plötzlich um die Hausecke und packte den Marr bei den Haaren.

„Au weh! au weh!" schrie der Bube aus vollem Halse. „So! sagte der Mann. Thut dir das weh? Merk's, Marr! Es thut den Schafen auch weh, wenn man sie plagt. Drum laß künftig deine muthwillige Thierquälerei bleiben!"

58. Das Schwein.

Pfui! das ist ein schmutziges
Thier! Von ihm mag ich nicht viel
hören! Es ist auch sehr plump
und ungelenk. Es hat große,
steife Ohren, oder gar Schlapp-
ohren, und ein widerliches Gesicht mit einem langen Maul
und stumpfen Rüssel. Der Schwanz ist für das große
Thier gar kurz und dünn. Daß die Füße vielhufig sind,
daran liegt nun weiter Nichts. Aber die borstigen Haare
nehmen sich wieder übel aus, und an der grunzenden
Stimme kann auch Niemand Wohlgefallen haben.

Das Schwein ist dazu ein recht ekelhaftes Thier, das
Alles frißt, was andere Thiere nicht mögen und sich mit
Wohlbehagen in jedem Schmutz herum wälzt.

Aber ist denn Alles, was den Augen nicht gefällt,
darum auch ganz zu verachten? Schmeckt dir denn die
Bratwurst, die Leber- und Blutwurst und der Schinken
nicht gut? Sie werden von dem verächtlichen Schwein
gemacht! Ohne Speck und Schweineschmalz kommt beinah
keine Köchin zurecht. Die Borsten braucht der Bürsten-
binder zu Bürsten, Kehrbesen und dergleichen, und der
Schuhmacher an seinen Draht. Das Schwein ist daher
eines unserer nützlichsten Hausthiere.

Das schmutzige Schwein.

Kn. Nun, sage mir doch, du häßliches Schwein,
    Was legst Du dich mitten in Schmutz hinein?
Schw. Ei, lockt es denn Dich nicht auch sogleich?
    Es liegt sich da immer gar kühl und weich,
    Komm, hier ist noch ein Plätzchen für Dich,
    Geschwinde lege Dich neben mich.

    Der Knabe hat's freilich nicht gethan
    Es stünde ihm auch übel an,
    Doch für das Schwein ist kein Bedenken.
    Es sind der Plätze viel in der Welt.
    Wo Jedem der seine ist bestellt,
    Dahin soll er seine Schritte lenken.

59. Der Hund.

Der Hund hat einen spitzig zu-
laufenden Kopf, scharfe Zähne, einen
gekrümmten Schwanz, an jedem Vor-
derfuße fünf und an jedem Hinterfuße
vier Zehen. Der ganze Körper des
Hundes ist behaart; nur die Nase ist
unbehaart und immer feucht und kalt. — Der Hund wird
überall, wo nur Menschen wohnen, angetroffen.

Er frißt Alles, was die Menschen genießen, doch am
liebsten Fleisch und Knochen. — Der Hund sieht und hört
wie wir, aber sein Geruch ist weit schärfer, als der des
Menschen. Er findet durch den Geruch die Spur seines
Herrn; eben so verfolgt er den Weg eines Hasen bloß nach
dem Geruch. Darum kann man den Hund gut auf der
Jagd brauchen. Er schwitzt bei der größten Anstrengung
nicht; und wenn ihn dürstet, läßt er die Zunge aus dem
Maul hängen. Mit großer Treue hängt er an seinem
Herrn.

Der Hund ist uns auf mancherlei Weise sehr nützlich.
Er bewacht das Haus, hilft dem Schäfer beim Hüten der
Schafe und leistet dem Jäger sehr wichtige Dienste. —

Vor bissigen oder gar tollen Hunden muß man sich
wohl in Acht nehmen. —

Hau! hau!
Auf weiter Au'
Da weiß ich zu jagen,
Kann Alles tragen;
Ich trage den Stock,
Ich trage den Rock,
Ich hole den Stein,
Spring' ins Wasser hinein;
Drin schwimm' ich herum.
Ich bin nicht dumm.
Ich lasse mich lehren,
Ich kann mich wehren.
Wer meinem Herrn was thut,
Dem geht es nicht gut.

60. Dieb und Hund.

Dieb. Still, Hündchen, still und sei gescheidt!
  Bell' nicht! Ich thu' dir ja kein Leid,
  Will dir eine schöne Bratwurst geben.
Hund. Mit nichten! Darum bell' ich eben.
  Ich seh', du willst nur stehlen hier,
  Darum thust du so schön mit mir.

  Der Hund, der treue, bellte mit Macht;
  Das hörte man weithin durch die Nacht.
  Es erwachten die Leute im Hause drinnen.
  Da schlich der böse Dieb von hinnen
  Und fürchtete sich und kam nicht wieder.
  Still legte der gute Hund sich nieder.

61. Des treuen Pudels Tod.

Ein Kaufmann besaß einen treuen schwarzen Pudel, welcher ihn auf allen seinen Reisen zu begleiten pflegte. Einst ritt der Kaufmann vom Markte nach Hause; er hatte sein Geld in den Mantelsack gesteckt und diesen hinter sich auf das Pferd geschnallt. Der Pudel lief neben ihm her. Nach und nach lösten sich die Riemen, mit denen der Mantelsack festgeschnallt war. Er fiel herunter, ohne daß der Kaufmann es merkte. Der Pudel aber sah es und fing an zu bellen. Der Kaufmann kehrte sich nicht daran. Aber der gute Pudel bellte immerfort. Er sprang an das Pferd und biß es in die Füße, daß es nicht weiter sollte. Nun dachte der Kaufmann, sein Pudel sei toll geworden. Er schoß ihn mit seiner Pistole, daß er niederstürzte, und ritt davon.

Nach einer Weile fühlte er hinter sich und erschrak, als sein Mantelsack nicht mehr da war. Nun ritt er zurück und sah überall Blut von seinem Pudel. Endlich kam er an die Stelle, wo sein Mantelsack heruntergefallen war. Da lag sein treuer Pudel neben dem Sacke. Er wedelte mit dem Schwanze, leckte seinem Herrn die Hand und — starb.

62. Der Jäger und der Fuchs.

  Der Jäger birscht mit seiner Büchs',
  Da schleichen übers Feld die Füchs'.
  Er fackelt nicht und spannt den Hahn
  Und legt die Büchse sicher an.
  Piff, paff! da prasseln hin die Schrot',
  Und — bauz — der alte Fuchs ist todt.

Der Jäger spricht: „He, Feldmann, flugs,
Nun apportire mir den Fuchs!"
Der Feldmann sucht mit seiner Schnauz'
Und hat ihn schon, den alten Kauz.
„Du hast gerupft so manche Gans,
Jetzt zaust man dich bei deinem Schwanz.
Du hast geschüttelt manchen Hahn,
Jetzt packt man dich beim Kragen an.
Du hast gefressen manche Taube,
Jetzt sitzen wir dir auf der Haube!"
So schleppt ihn Feldmann hin zum Herrn,
Der streichelt ihn und hat ihn gern
Und sagt: „So, Feldmann, das war gut!"
Geht weiter dann mit frohem Muth
Und steckt den Fuchs in seinen Sack
Und schmaucht ein Pfeifchen Rauchtabak.

63. Fuchs und Ente.

F. Frau Ente, was schwimmst du dort auf dem Teich?
　Komm doch einmal her an das Ufer gleich;
　Ich hab' dich schon lange was wollen fragen.
E. Herr Fuchs, ich wüßte dir nichts zu sagen;
　Du bist mir so schon viel zu klug,
　Drum bleib' ich dir lieber weit genug.

Herr Fuchs, der ging am Ufer hin
Und war verdrießlich in seinem Sinn.
Es lüstete ihn nach einem Braten,
Das hatte die Ente wohl errathen.
Heut' hätt' er so gerne schwimmen können;
Nun mußt' er ihr doch das Leben gönnen.

64. Der Hase.

Ich will Dir den **Hasen** beschreiben. Gib acht, ob ich die Beschreibung recht mache!

Der Hase ist ein gro=ßes, vierfüßiges Thier. Der Kopf ist sehr dick und hat einen langen Rüssel.

Die Ohren sind kurz, der Schwanz ist dünn und lang. Die Vorderbeine sind länger als die Hinterbeine. Jeder Fuß hat, wie bei dem Pferd, einen ungespaltenen Huf. Der ganze Körper ist mit Federn bewachsen.

Der Hase hält sich meistens auf hohen Bäumen auf und kommt selten auf die Erde herab. Er baut sein Nest auf Bäumen und legt fünf bis sechs bunte Eier hinein, die er ausbrütet. Die Jungen sind gleich so groß wie die Alten.

Seine Hauptnahrung besteht in Weißbrod und Leb= kuchen. Der Hase kann schnell fliegen; auf der Erde kommt er aber nur sehr mühsam fort. In den Kraut= und Kleefeldern, sowie in der jungen Saat sieht man ihn gern, weil er auf die Sachen Acht gibt.

Der Hase ist sehr beherzt. Er kriecht oder fliegt vor Niemand fort bis die Gefahr ganz nahe ist. Der Flinten= knall des Jägers kümmert ihn wenig, und Jagdhunde beißt er zuweilen todt. Das Hasenbrot und die bunten Haseneier, die er gewöhnlich auf Ostern legt, werden von den Kindern sehr geliebt.

Sein Fell liefert das beste Pelzwerk und wird daher zu Mänteln, Kappen, Hüten, Handschuhen und so weiter benutzt.

Das Fleisch des Hasen aber wird von Niemanden gegessen, sondern den Hunden und Katzen gefüttert.

Hase überschaut das Feld,
Glaubt, er sei ein großer Held,
Als er sieht sich ganz allein,
Macht er Männchen nett und fein,
Putzt das Schnäutzchen sich und spricht:
„Hund und Jäger fürcht' ich nicht.“

Sieh', da stäubt ein Lerchlein auf.
Hase geht im schnellsten Lauf —
Blind und taub, vor Angst und Schreck —
Ueber alle Gräben weg. —
Handeln muß wer ernst es meint;
Worte schlagen keinen Feind.

65. Kaninchen.

Kaninchen, Karnickelchen!
Wie bist du doch so stumm!
Du sprichst nicht, du singst nicht
Und läufst so sacht herum.

Kaninchen, Karnickelchen!
Hast Augen groß und blank.
Auch fehlt es dir an Ohren nicht,
Die sind gehörig lang.

Kaninchen, Karnickelchen!
Kannst essen, trinken, schlafen!
Doch mit dem Lernen, merk' ich schon,
Machst du dir nichts zu schaffen.

Kaninchen, Karnickelchen!
Ich wette was darum,
Trotz großem Aug' und großem Ohr,
Du bist ein bissel dumm!

66. Die Katze.

Die **Katze** ist ein sehr beliebtes Hausthier. Sie macht sich so nützlich und ist zugleich so schmeichlerisch, daß man sie wahrlich nicht entbehren möchte. — Der Schnurrbart an dem dicken Kopfe, die weichen Pfötchen, auf welchen sie so leise einherschleicht, der gekrümmte Rücken, mit dem sie sich zuweilen zeigt und ihr eigenthümliches Schnurren machen sie zum Liebling aller Kinder.

Durch ihre scharfen Krallen flößt sie jedoch Allen Respekt ein, die mit ihr spielen, oder gar mit ihr fechten.

Die Katze ist sehr naschhaft. Küchenschränke, Schüsseln und Töpfe, in welchen sich Fleisch und andere Speisen befinden, muß man sorgfältig vor ihr verwahren.

Mäuse, Ratten und Vögel fängt sie am allerliebsten und geht dabei auf eine so listige Weise zu Werke, daß man sich darüber verwundern muß.

Im Sommer legt sie sich gern an Orte, wo die Sonne hinscheint, und im Winter an den warmen Ofen.

Wenn eine Katze in einem Hause aufgezogen worden ist, so hält es schwer, sie an eine andere Heimath zu gewöhnen. Sie bleibt lieber an ihrem früheren Orte und gewöhnt sich an andere Leute, als daß sie ihren gewohnten Aufenthalt verläßt.

In Bezug auf Reinlichkeit könnte die Katze vielen Kindern als Muster dienen. Es vergeht wohl kein Tag, an welchem sie ihr Schnäuzchen nicht wiederholt wäscht, wie Ihr Alle schon gesehen haben werdet.

Katze.

Frau Katze, was schleichst du doch
Dort auf dem Dache einher so hoch?
Hast du das Schwälbchen sitzen sehn?
Möchtest ihm gerne zu Leibe gehn?
Sachte nur! Schwälbchen ist klüger als du,
Flieget davon, und du siehst zu.

Frau Katze war grämlich in ihrem Sinn,
Sah nur so von der Seite hin,
Dachte: „Das ist ein schlechtes Vergnügen,
Daß die Vögel so können fliegen."
Ist dann hinab in den Hof gegangen,
Hat sich bald eine Maus gefangen.

67. Miezchen.

Kind. Miezchen, warum wäscht du dich
Alle halbe Stunde? Sprich!
Miezchen. Weil es gar zu häßlich steht,
Wenn man nicht recht sauber geht.
Köpfchen, Pfötchen, alles rein,
Anders darf's bei mir nicht sein.

Unser Miezchen, hört' ich dann,
Stand in Ehren bei Jedermann.
Sie ließen es gern in die Stube kommen
Und haben's wohl gar auf den Schoß genommen.
Ich denke, das Waschen und das Putzen
Hat ihm gebracht so großen Nutzen.

68. Mäuse und Ratten.

Die **Mäuse** sind sehr possirliche Thierchen. Sie sind beinahe immer in Bewegung. Bald spielen sie mit einander, rennen einander nach, hüpfen umher, setzen sich auf ihre Hinterbeine, „ringeln die Schwänzlein, wie ein Kränzlein," und wenn sie ganz gezähmt sind, kommen sie sogar herbei und essen aus der Hand und schlüpfen in die Taschen der Menschen.

Dennoch sind sie so verhaßt, daß man sie in keinem Hause leiden mag und sie zu vertilgen sucht, sobald sie sich einnisten. Man stellt ihnen Fallen, hält Katzen, um sie fangen zu lassen, oder legt ihnen Gift, um sie zu tödten.

Warum werden denn diese nieblichen Thiere so verfolgt? Wodurch schaden sie in den Häusern? Wodurch in den Feldern? Was ist ihre liebste Nahrung? Wo halten sich die Feldmäuse im Winter auf?

Die **Ratten** sind bedeutend größer als die Mäuse und zeichnen sich besonders aus durch ihren langen, schuppigen Schwanz.

Sie sind gleichfalls sehr schädlich und werden daher verfolgt wie die Mäuse.

Die kluge Maus.

Eine Maus kam aus ihrem Loche und sah eine Falle. „Aha!" sagte sie, „da steht eine Falle! Die klugen Menschen: da stellen sie mit drei Hölzchen einen schweren Ziegelstein aufrecht, und an eines der Hölzchen stecken sie ein Stückchen Speck. Das nennen sie dann eine Mausefalle! Ja, wenn wir Mäuschen nicht klüger wären! Wir wissen wohl, wenn man den Speck fressen will, klapps! fällt der Ziegelstein herunter und schlägt den Näscher todt. Nein, nein! ich kenne eure List!"

„Aber," fuhr das Mäuschen fort, riechen darf man schon daran. Vom bloßen Riechen kann die Falle nicht zufallen. Und ich rieche den Speck doch für mein Leben gern. Ein bischen riechen muß ich daran!"

Es lief unter die Falle und roch an dem Specke. Die Falle war aber ganz lose gestellt, und kaum berührte es mit dem Näschen den Speck, klapps! so fiel sie zusammen, und das lüsterne Mäuschen war zerquetscht.

69. Das Huhn.

Das **Huhn** gehört zu den Vögeln; denn es hat einen Schnabel, zwei Beine, zwei Flügel, ist mit Federn bekleidet und legt Eier.

Das Huhn kann nicht hoch und nicht weit fliegen und geht daher meistens auf dem Grunde, woselbst es Saamenkörner aufpickt. Nur des Nachts sitzt es auf Bäumen, oder auf Zäunen u. s. w.

Für seine Küchlein ist es sehr besorgt. Es ist unermüdlich, denselben Nahrung zu verschaffen. Und wenn Gefahr droht, lockt es sie zusammen und verbirgt sie unter seinen Flügeln.

Durch seine Eier und sein wohlschmeckendes Fleisch macht sich das Huhn zu einem sehr nützlichen Hausthier.

Die Henne und ihre Küchlein.

Von der Tenne kommt die Henne,
Ihr folgt eine munt're Schaar
Allerliebster kleiner Jungen,
Munter kommen sie gesprungen,
Und ihr Stimmchen pipt so klar.

„Tuck, tuck, tuck, tuck!" —
„Gluck, gluck, gluck, gluck!"
Ruft die Mutter Henne aus,
Das Gefund'ne auszutheilen.
Und die Buttchen emsig eilen
Zu dem neuen, leckern Schmaus.

Stolz sie leiten, für sie streiten
Sieht man sie den ganzen Tag;
Keins will sie davon verlieren,
Sorgsam will sie stets sie führen,
Daß sie Nichts verletzen mag.

Wenn die Kleinen müde scheinen
Breitet sie die Flügel aus;
Und sie kriechen rasch darunter,
Bis erwärmt sie wieder munter,
Gucken aus dem Federhaus.

So erfreuen im Gedeihen
Sich die Küchlein jeden Tag;
Leitend, wärmend, schützend, nährend
Sorgt die Mutter immerwährend,
Daß die Schaar gerathen mag.

70. Der Hahn.

Der **Hahn** ist ein stolzer Vogel. Seinen Kamm (mit welchem er sich übrigens nie kämmt) trägt er gar hoch; mit seinem prächtigen Gefieder brüstet er sich gewaltig und seine Schwanzfedern trägt er so schön gebogen wie eine Sichel.

Für die Hühner sucht er Futter, lockt sie herbei und vertheidigt sie tapfer gegen ihre Feinde.

Morgens ist er sehr bald wach und ruft:

„Kickericki!" — Kinder seid früh!

Dabei ist er auch ein Wetterprophet. Wenn es am folgenden Tage regnet, so ruft er sein „Kickericki" schon des Abends zuvor. — Welchen andern Hahn kennt Ihr außer dem Haushahn? — Durch was läßt man Flüssigkeiten aus Fässern ab?

Kickericki! Bin ein munteres Vieh!
Wenn Alles liegt noch in guter Ruh',
Bin ich schon vergnügt, schrei immer zu.
Ich kann stolziren, die Hühner regieren.
Kömmt ein anderer Hahn, den greif' ich an;
Hab' manche Schlacht schon mitgemacht!
Hei Kickericki! bin ein munteres Vieh!

71. Gänse und Enten.

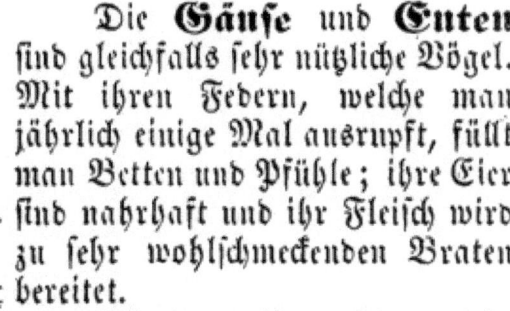

Die **Gänfe** und **Enten** sind gleichfalls sehr nützliche Vögel. Mit ihren Federn, welche man jährlich einige Mal ausrupft, füllt man Betten und Pfühle; ihre Eier sind nahrhaft und ihr Fleisch wird zu sehr wohlschmeckenden Braten bereitet.

Gänfe und Enten können sehr gut schwimmen, weil ihre Zehen durch Schwimmhäute mit einander verbunden sind.

Saamenkörner, Würmer und Brod sind ihre liebste Nahrung. Ihre Stimme ist ein widerliches Schnattern.

Die Dummheit der Gänfe ist sprüchwörtlich. Wer viel unnöthig schwatzt, von dem sagt man: „Er schnattert wie eine Gans."

72. Die Taube.

Die **Taube** ist ein gar niedlicher Hausvogel. Sie hat einen dünnen, an der Spitze gekrümmten Schnabel, und einen kleinen Kopf mit freundlichen Augen. Ihr Hals ist dünn und mit glänzenden Federn bekleidet. Sie hat lange Flügel, einen breiten Schwanz und kurze Füße mit drei vordern und einer hintern Zehe. — Die Tauben sind blau, grau, schwarz, roth, weiß oder scheckig. Sie nähren sich von Körnern.

Die Tauben können sehr schnell fliegen, und kommen in einer Minute wohl drei Meilen weit. Auch kennen sie die Gegend, woher sie gekommen sind, sehr gut. Man hat daher die Tauben schon oft als Boten gebraucht, ihnen Briefe an den Hals gehängt, und sie dann wieder fliegen laffen, woher sie gekommen sind.

Die Tauben legen mehrere Mal im Jahre zwei bis sechs weiße Eier. Schlüpfen die Jungen aus den Eiern, so sind sie nackt und blind, werden aber von den Alten mit großer Zärtlichkeit behandelt. — Man hat Beispiele, daß Tauben ein Alter von hundert Jahren erreicht haben.

73. Der Laubfrosch.

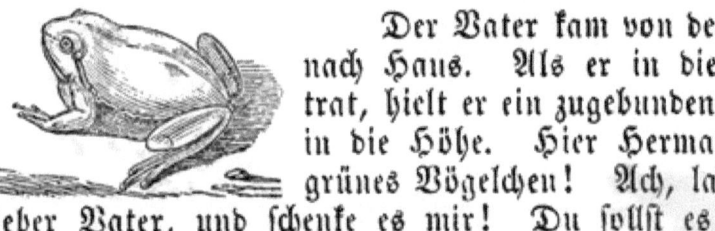

Der Vater kam von der Wiese nach Haus. Als er in die Stube trat, hielt er ein zugebundenes Tuch in die Höhe. Hier Hermann, ein grünes Vögelchen! Ach, laß sehen, lieber Vater, und schenke es mir! Du sollst es haben; aber halte fest, damit es nicht fortfliegt! Der Vater band das Tuch auf und drückte dem Hermann behutsam ein — Laubfröschchen in die Hand. Hermann ließ es fallen und that einen Schrei.

„Pfui tausend! das ist ein abscheulicher **Frosch!**" Der Laubfrosch hüpfte in der Stube herum, und Hermann sprang vor Angst aus einer Ecke in die andere. Der Vater fing das Thierchen wieder und sagte zu Hermann: Geh, Närrchen! Wer wird sich vor einem Frosche fürchten! Ich will ein Glas holen, ein Leiterchen hinein stellen und das Fröschchen in das Glas setzen; da soll es uns das Wetter prophezeien. Er schnitzte nun ein Leiterchen und erzählte Hermann, daß er das Laubfröschchen auf der Wiese habe quaken hören, und daß es im Laub auf der Hecke gesessen sei. Dann holte er ein Glas, füllte es halb mit Waffer, und als das Leiterchen und das Fröschchen darin waren, band er das Glas mit dünner Leinwand zu, und stellte es vor das Fenster. Nun, Hermann, gib mir hübsch Acht auf den kleinen Propheten. Wenn er aus dem Waffer steigt, haben wir trockenes, helles Wetter zu hoffen;

fitzt er aber im Waſſer, dann gibt es gewöhnlich Wind oder Regen. Du darfſt ihm nur alle paar Tage einige Fliegen zu ſeiner Nahrung durch das kleine Loch in der Leinwand hinunterwerfen!

Hermann betrachtete mit großer Aufmerkſamkeit ſein Laubfröſchchen. Es iſt über den Rücken hin ſchön grün und nackt am ganzen Körper. Es hat ein großes, dickes Maul. Es athmet beſtändig und hat große, hochliegende Augen. Die vier Beine hält es auseinander geſpreizt. An jedem Vorderfuß ſind vier freie Zehen, und an jedem Hinterfuß fünf Zehen, die aber durch eine dünne Haut mit einander verbunden ſind.

74. Der Krebs.

Der **Krebs** in unſerm Waſſer ſieht dunkel und grün-lich braun aus. Eine hornige S ch a l e umgibt den Körper. Vorn am Kopf ſtehen vier F ü h l e r. Die bewegbaren Augen drehen ſich gleichſam auf einem Stielchen. Er hat fünf Paar Füße und an den Vorderfüßen ſind S ch e e r e n, mit denen er kneipen kann. Abgeriſſene Scheeren und Füße wachſen ihm wieder nach.

Die Krebſe häuten ſich im Juli und Auguſt. Am Tage verſtecken ſie ſich in Uferlöcher, unter Wurzeln und Steine und gehen des Nachts auf Raub aus. Ihre Nah-rung beſteht in Aas, Fiſchen und Würmern. Sie können vor- und rückwärts gehen und ſchwimmen. Das Fleiſch der Krebſe iſt ſehr ſchmackhaft, beſonders in den Monaten, die ohne r geſchrieben werden. Wie heißen dieſe wohl?

„Geh' doch nicht ſo krumm, geh' doch in gerader Linie!" rief ein älterer Krebs einem jüngeren zu. „Von Herzen gern," erwiderte dieſer; „nur bitte ich dich, gehe mir ſo voran!"

Tadle an Niemand einen Fehler, den du ſelbſt beſitzeſt!

75. Der Schmetterling.

 Die **Schmetterlinge** sind Thiere, welche einen dünnen, langen Körper, sechs Füße und zwei Flügel haben und an dem Kopfe mit F ü h l h ö r n e r n versehen sind.

Die Flügel sind weiß, gelb, blau oder bunt gefärbt. Manche Schmetterlinge sind wunderschön; deßhalb werden auch viele von ihnen gefangen. Sind sie leicht zu fangen? Mit was fängt man sie?

Ich habe einst eine Frau gesehen, welche Schmetterlinge fing und sie mit Nadeln lebendig an einen Baum spießte. Die armen Geschöpfe bemühten sich vergeblich loszukommen, konnten aber ihrer Qual nicht entgehen. War das recht gehandelt? Soll irgend ein Mensch ein Thier quälen? Warum nicht?

Die Schmetterlinge nähren sich hauptsächlich von Honig, welchen sie mit ihrem langen Rüssel aus den Blüthen saugen. Sie leben nur kurze Zeit, manche nicht viel länger als einen Tag, legen aber während dieser Zeit viele Eier, aus welchen im folgenden Frühjahr R a u p e n entstehen.

Die Raupen nähren sich von dem Laub der Gewächse und werden später in Schmetterlinge verwandelt.

76. Knabe und Schmetterling.

K n a b e. Schmetterling,
    Kleines Ding,
    Sage, wovon Du lebst,
    Daß Du nur stets in Lüften schwebst?
S ch m e t t. Blumenduft, Sonnenschein,
    Das ist die Nahrung mein.
    Der Knabe, der wollt' ihn fangen,
    Da bat er mit Zittern und Bangen:
    „Lieber Knabe, thu' es nicht,
    Laß mich spielen im Sonnenlicht.
    Eh' vergeht das Abendroth,
    Lieg' ich doch schon kalt und todt.“

77. Die Biene.

Die **Biene** ist ein kleines Thier, hat aber dennoch sechs Füße und vier Flügel. Vom Frühjahr bis zum Spätjahr ist sie sehr geschäftig. Sie fliegt von Blume zu Blume, sammelt Honig und bereitet Wachs.

Aus dem Wachs erbaut sie ihre Wohnung, schöne, regelmäßige Zellen, wie sie ein Künstler nicht nachmachen kann.

In den Zellen bewahrt sie den Honig auf, wovon sie sich im Winter nährt. Sie ist übrigens so fleißig, daß sie weit mehr Honig sammelt, als sie selbst bedarf, so daß auch der Mensch noch einen Theil von ihrem Vorrath nehmen kann.

Wie schön wäre es, wenn alle Kinder so fleißig wären, wie das Bienchen! Welche Freude würden Eltern und Lehrer an ihnen haben!

Wenn man die Biene in ihrer Arbeit stört, wird sie sehr böse, sticht mit ihrem Stachel und ergießt einen giftigen Saft in die Wunde. Das verursacht eine Geschwulst und große Schmerzen.

Wie's Bienlein fleißig ist.

Bienchen tanzet kreuz und quer,
Tanzet um die Pflänzchen,
Flieget summend hin und her,
Macht ein lustig Tänzchen,
Bienchen tanzet flink herum:
„Wirbel, wirbel! Summ, summ, summ!"

Bienchen fliegt den Blumen zu,
Will sich Honig naschen;
Ei, Du emsig Bienchen Du,
Fülle Deine Taschen!
Summ, summ summ, mein Bienchen summ;
Tanz' im Garten ringsherum!

Fleißig kann das Bienchen sein,
Hat die Arbeit gerne;
Munter krabbelt es hinein
In die Blumensterne,
Kommt heraus und schaut herum,
Fliegt nach Hause: „Summ, summ, summ!"

78. Ameisen, Schnecken und Würmer.

Die **Ameisen** sind kleine, fleißige Thierchen. Sie leben bei Tausenden zusammen und bauen große Wohnungen — Ameisenhaufen.

Im Sommer sammeln sie ihre Nahrung für den Winter und haben daher Feierabend, so lange die Erde mit Schnee bedeckt ist. Sobald aber der Frühling eintritt, beginnt ihre Arbeit aufs Neue.

Deßhalb spricht auch die Bibel von ihrem Fleiße, indem sie sagt: „Gehe hin zur Ameise, du Fauler, siehe ihre Weise an und lerne; ob sie wohl keinen Fürsten, noch Hauptmann, noch Herrn hat, bereitet sie doch ihr Brod im Sommer und sammelt ihre Speise in der Ernte."

Sie nähren sich hauptsächlich von Obst und Körnern; Zucker und andere Süßigkeiten sind ihre Lieblingsspeisen. Ihr Biß ist sehr schmerzhaft.

Die **Schnecken** sind Thierchen, welche nur langsam kriechen können. Ihre Augen stehen auf Fühlhörnern, welche sie nach Belieben ausrecken oder einziehen können. Die rothen und schwarzen Schnecken sind kahl; die Weinberg=Schnecken aber haben ein Haus — Schneckenhaus, in welchem sie sich verbergen können.

Die Weinberg=Schnecken werden gebraten und sehr gern gegessen.

Ei wie langsam, ei wie langsam,
Kriecht die Schneck' im Gras daher.
Potz, da wollt' ich anders laufen,
Wenn ich so ein Schnecklein wär.

Die **Würmer** sind im Boden. Sie sind lang, dünn und roth, können kriechen und werden von Fischen, Enten, Gänsen, Hühnern ꝛc. gefressen.

79. Von den Pflanzen.

Die Wälder mit ihren Bäumen, und die Felder und Wiesen mit ihren farbigen Blumen und Früchten gefallen allen Menschen. Wie freuen wir uns, wenn im Frühling und Sommer Alles um uns grünt und blüht! Wie freundlich kleiden die Gewächse unsere Erde! Mit welchem Wohlgeruch erfüllen die Blumen die Luft! Und die grüne Laubdecke des Waldes gibt Schatten und angenehme Kühlung. — Die Pflanzen empfinden keinen Schmerz und können sich selbst nicht bewegen; nur Wind, Thiere und Menschen veranlassen oft eine Bewegung derselben. Die Pflanzen brauchen Nahrung, Licht und Wärme.

Licht und Wärme sendet die freundliche Sonne. Die Nahrung aber erlangen sie durch ihre Wurzeln, welche oft tief in die Erde dringen und sich weit darin ausbreiten. Die Bäume und Sträucher haben holzige, dicke Wurzeln; an den Kräutern und Gräsern aber sind sie fadenförmig und weich, und an manchen Gewächsen sind sie knollig. An welchen?

Ueber den Wurzeln wächst ein Stamm, oder ein Stängel, oder ein Halm, oder ein Stiel. Der Kirschbaum, die Bohne, das Korn, der Fliegenschwamm zeigen dieß deutlich. Aus dem Stamm treiben die Aeste mit den Zweigen, Blättern, Blüthen und Früchten hervor. Im Herbste vertrocknen die Blätter vieler Pflanzen und fallen ab. Tannen, Fichten, Wachholder, Epheu bleiben jedoch das ganze Jahr grün. Im Frühling finden sich an den Obstbäumen spitze Knospen, aus welchen Blätter hervorkommen und runde Knospen, woraus die Blüthen entstehen. Schön sind die Farben der Blüthen, köstlich ist ihr Geruch. Die Blüthe sitzt auf dem Fruchtknoten; sie verblüht und fällt ab. Der Fruchtknoten aber wächst und bildet sich zur Frucht aus. Bei den Aepfeln und Birnen sind die Kerne mit einer dicken,

saftigen Fleischhülle umgeben. Beim Reps ist's eine
Schote, beim Mohnsamen eine Kapsel, bei der Traube
eine Beere, bei der Zwetsche eine Steinfrucht, bei
dem Nadelholz längliche Zapfen.— Die Rinde ist das
Kleid der Pflanzen; die Blätter, Blüthen und Früchte sind
ihr Schmuck.

Großen Nutzen gewähren uns Obst= und Waldbäume!
Welche Noth würde uns umgeben, wenn wir keine Kräuter
und Gräser hätten! Womit wollten Thiere und Menschen
sich nähren? Wie würde die ganze Erde so kahl und ein=
förmig aussehen ohne den grünen Pflanzenschmuck!

> „Der die Welt so schön bereitet,
> Der die Sonn' umstrahlt mit Licht,
> Der des Feldes Blumen kleidet,
> Der des Waldes Thiere weidet, —
> Vater! du verläß'st uns nicht!"

80. Das Lied vom Samenkorn.

> Ein Sä'mann streut aus voller Hand
> Den Samen auf das weiche Land,
> Und wundersam, was er gesä't,
> Das Körnlein wieder aufersteht.
>
> Die Erde nimmt es in den Schooß
> Und wickelt es im Stillen los;
> Ein zartes Keimchen kommt hervor
> Und hebt sein röthlich Haupt empor.
>
> Es steht und frieret, nackt und klein,
> Und fleht um Thau und Sonnenschein;
> Die Sonne schaut von hoher Bahn
> Der Erde Kindlein freundlich an.
>
> Bald aber nahet Frost und Sturm,
> Und scheu verbirgt sich Mensch und Wurm.
> Das Körnlein kann ihm nicht entgeh'n
> Und muß in Wind und Wetter steh'n.
>
> Doch schadet ihm kein Leid noch Weh;
> Der Himmel deckt mit weißem Schnee
> Der Erde Kindlein liebend zu;
> Dann schlummert es in stiller Ruh'.

Bald flieht des Winters trübe Nacht;
Die Lerche singt, das Korn erwacht;
Der Lenz heißt Bäum' und Wiesen blüh'n
Und schmückt das Feld mit frischem Grün.

Voll krauser Aehren, schlank und schön,
Muß nun die Halmensaat ersteh'n,
Und wie ein grünes, stilles Meer
Wogt sie im Winde hin und her.

Dann schaut vom hohen Himmelszelt
Die Sonne auf das Aehrenfeld.
Die Erde ruht in stillem Glanz,
Geschmückt mit gold'nem Aehrenkranz.

Die Ernte naht, die Sichel klingt,
Die Garbe rauscht; gen Himmel dringt
Der Freude lauter Jubelsang,
Des Herzens stiller Preis und Dank.

81. Die grüne Stadt.

Ich weiß Euch eine schöne Stadt,
Die lauter grüne Häuser hat;
Die Häuser, die sind groß und klein,
Und wer nur will, der darf hinein.

Die Straßen, die sind freilich krumm,
Sie führen hier und dort herum.
Doch stets gerade fortzugeh'n,
Wer findet das wohl allzuschön?

Die Wege, die sind weit und breit
Mit bunten Blumen überstreut;
Das Pflaster, das ist sanft und weich,
Und seine Farb' den Häusern gleich.

Es wohnen viele Gäste dort,
Und alle lieben ihren Ort;
Ganz deutlich sieht man dies daraus,
Daß Jeder singt in seinem Haus.

Die Gäste sind da alle klein,
Denn es sind lauter — Vögelein;
Und meine ganze grüne Stadt
Ist, was den Namen „Wald" sonst hat.

82. Waldbäume.

In den Wäldern gibt es gar mancherlei **Bäume.**

Da stehen die schlanken Tannen, deren Nadeln das ganze Jahr über grün sind. Aus ihnen macht man die hohen Mastbäume für die Schiffe und Bauholz für unsere Wohnungen. Außerdem werden Bretter daraus geschnitten und zu mancherlei Geräthen verarbeitet, als ......

Kleine Tannen, oder auch Aeste von großen Nadelbäumen benutzt man an Weihnachten als .....

Dort steht der stolze Eichbaum mit seinen schönen Blättern und den niedlichen Eicheln. — Wozu dient sein Holz? Welchen Thieren dienen die Eicheln zur Nahrung?

Daneben steht der Wallnußbaum mit seinen wohlriechenden Blättern. Aus seinem Stamme werden werthvolle Bretter geschnitten. — Was wird daraus gemacht?

Welche Waldbäume kennet Ihr noch außer diesen? Welche von ihnen liefern das beste Brennholz? Welche haben die schönsten Blüthen und welche tragen eßbare Früchte?

Welche vierfüßigen Thiere halten sich in den Wäldern auf? Welche Vögel könnt Ihr nennen, die im Walde ihre Heimath haben?

83. Der Christbaum.

Hell wie die Sonne strahlet mir
Des Christbaums Glanz entgegen hier,
Der vielen Lichter lust'ger Schein
Er will, er muß mein Herz erfreu'n.

War ich auch nicht, wie ich es soll,
So artig stets und liebevoll;
Doch seh' ich jetzt die Freundlichkeit,
Die stets zum Wohlthun ist bereit.

Und wessen Liebe thut sich kund
In dieser kindlich frohen Stund'?
Der Eltern Liebe hat mich heut'
An diesem Festtag hoch erfreut.

Den Dank, o nehmt ihn freundlich hin,
Geliebte Eltern; denn ich bin
Euch mehr zu geben noch zu klein:
Will durch Gehorsam Euch erfreu'n.

84. Obstbäume.

Die **Obstbäume** machen uns sehr viel Vergnügen. Wenn im Frühjahr ihre weißen, rothen oder bunten, wohlriechenden Blüthen zum Vorschein kommen, so gibt es keinen lieblicheren Aufenthaltsort, als einen **Obstgarten.** Nicht nur der Mensch, sondern auch die Vögelein haben ihre Lust daran, finden sich daselbst ein und stimmen ihre Loblieder an.

Fangen aber die Kirschen an, sich roth zu färben; die Pfirsiche gelb und weich und die Aepfel und Birnen reif zu werden, dann ist das Vergnügen um so größer. Kein Tag vergeht, an dem wir uns nicht an dem saftigen Obst laben. — Welche Obstbäume blühen zuerst? Welche tragen zuerst reife Früchte? Welches Obst wird erst im Spätjahr reif?

Das Obst, welches nicht gleich gegessen wird, bewahrt man in Gruben oder Kellern für den Winter auf, oder dörrt es. — Aus vielen Aepfeln und Birnen wird auch Apfelwein und aus Kirschen und Pfirsichen Branntwein bereitet.

Unreifes Obst ist sehr schädlich und sollte daher von Niemand genossen werden!

85. Der Kirschbaum.

Wie prangt der Kirschbaum hoch und schön
Und neigt die vollen Aeste!
Er scheint uns freundlich anzuseh'n
Als seine lieben Gäste.

Wie glänzt und schwenket voll und rund
Die Kirsch' an allen Zweigen,
Als wollte sie zu unserm Mund'
Von selbst herab sich neigen.

Seht ihre Bäckchen roth und schön
Versteckt im Laube blinken,
Und wenn die Sommerlüftchen weh'n
Vom Baum' uns freundlich winken.

Wir aber steh'n umher im Kreis'
Mit freudevollen Blicken;
Hernieder schwebt das volle Reis;
Wir jauchzen, haschen, pflücken.

Wie lieblich, o wie kühl und frisch
Zerschmilzt die Kirsch' im Munde!
Dank ihm, der immer deckt den Tisch
Für uns zur rechten Stunde!

86. Der Gärtner und der Spatz.

G. Spatz dort, ein Kirschchen wohl gönnt' ich Dir,
Sind ihrer doch manch Hundert hier;
Nur aber dieß gesteh' mir ein:
Warum müssen es immer die besten sein?

Sp. Nun, das will ich Dir wohl entdecken —
Weil diese mir eben am besten schmecken.

———

Das Leckermäulchen hat freilich recht,
Doch seine Weisheit bekommt ihm schlecht;
Der Gärtner hat mit bedachter Hand
Ein Netz um das schöne Bäumchen gespannt.
Die Kirschen glänzten im Sonnenschein,
Herr Spatz, der konnte nicht hinein.

87. Sträucher und Stauden.

Die **Sträucher** und **Stauden** sind zwar lange nicht so groß, als die Bäume; aber dennoch sind manche von ihnen sehr nützlich.

Hierher gehört vor Allem die Weinrebe. Ihre Blüthen duften sehr lieblich, noch viel angenehmer aber schmecken die reifen Trauben. Und der Wein, welcher daraus bereitet wird, hat schon Millionen von Menschen erquickt und gestärkt.

Die Johannisträubchen, die Himbeeren, die Stachelbeeren, die Brombeeren, die Heidelbeeren — diese lieblichen Früchte kennt ihr Alle. Sie wachsen theils wild, theils werden sie in Gärten gezogen. — Eine Menge der genannten Beeren wird eingemacht. Wer von Euch kann mir sagen, wie das geschieht und was man dazu nimmt?

Ich kenne einen Strauch, welcher Früchte trägt, die in einer Hülse stecken und deren Schalen erst geöffnet werden müssen, ehe man die wohlschmeckenden Kerne erhält. — Wie heißen diese Früchte? Wie heißt der Strauch, an dem sie wachsen? Wann werden sie reif?

Außer den genannten Früchten gibt es auch solche, deren Genuß schädlich, ja tödtlich ist. Sie wachsen an den **Giftpflanzen.** Der Stechapfel, der Schierling, der Nachtschatten, der rothe Fingerhut, das Bilsenkraut und die Tollkirsche sind die bekanntesten unter ihnen.

Später werdet Ihr genauer mit diesen Pflanzen bekannt werden. Für jetzt merkt Euch nur: „Esset niemals eine Frucht, von welcher Ihr nicht wisset, daß sie Euch zuträglich ist." Denket an das Verschen:

„Beerchen, sei du noch so schön —
Kenn' ich dich nicht, laß ich dich steh'n."

88. Gartenfreude.

Hinaus in den Garten, ihr Knaben, husch! husch!
Da steht ein großer Johannisbeerbusch,
Dran hängen die Beeren, so roth, wie Blut;
Die schmecken im Sommer uns Allen recht gut.

Auch Stachelbeer' und Himbeer' am Zaun
Sind neben den Rosengebüschen zu schau'n.
Päonien, rother Hollunder, Jasmin
Steh'n neben der Laube von Geisblatt und blüh'n.

Am Rande der Beete steht Majoran,
Melisse, Narcissen und Thymian.
Reseda duftet, und Tausendschön
Sind neben den Federnelken zu seh'n.

Auch wir haben Gärtchen, da wächst kein Gras,
Die gab uns der gute Vater zum Spaß.
Wie Vater und Mutter dort pflanzet und sä't,
So machen wir Kinder es hier auf dem Beet.

Da steh'n Petersilie und Gurken und Mohn
Und Zuckerschoten; wir schmausen davon.
Drum bin ich im Garten so gern, als im Feld;
Denn was ich da finde, mir Alles gefällt.

89. Getreide.

Zu den nützlichsten Gewächsen gehören die **Getreidearten;** denn ohne dieselben könnten die Menschen kaum bestehen.

Obenan steht der Weizen. Aus ihm wird bekanntlich Mehl und daraus Brod und anderes nahrhaftes Backwerk bereitet.

Der Roggen wird hauptsächlich in kälteren Gegenden gebaut. Aus Roggenmehl macht man das bekannte Schwarzbrod.

Aus dem Mehl der Gerste wird in manchen Gegenden auch

Brod gebacken; meistens aber wird sie in Malz umgewandelt und Bier daraus gebraut.

Der Hafer dient hauptsächlich als Futter für die Hausthiere. Indeß wird auch grobes Mehl daraus bereitet, das unter dem Namen Hafergrütze bekannt ist. — Welche Thiere fressen den Hafer besonders gern?

Der Reis wächst nur in heißen und feuchten Gegenden. Reissuppe und Reisbrei sind allbekannt.

Von besonderer Wichtigkeit ist das Welschkorn oder der Mais. Er ist ein einheimisches Gewächs Amerikas. Seine Frucht ist ein vortreffliches Nahrungsmittel für Menschen und Thiere. — Wann werden Weizen und Roggen gesäet? Wann Gerste und Hafer? Wann wird der Mais gepflanzt? Welche Getreideart ist am frühesten reif und welche am spätesten?

Die Körner der meisten Getreidearten werden durch Dreschen von den Halmen befreit, und die leeren Halme Stroh genannt. — Wozu dient das Stroh?

Wird der Mais auch gedroschen? Wozu benutzt man die Blätter der Maisstengel? Wozu dienen die feinen Blätter an den Aehren?

Ihr Thäler und ihr Höhen,
Euch, die der Sommer schmückt,
In Eurer Pracht zu sehen,
Ist, was mein Herz entzückt!

Hoch wallt das Feld der Saaten,
Von reichen Körnern schwer;
Rings ist die Frucht gerathen,
Kein Plätzchen kahl und leer.

Die Vögel, die wir hören,
Erfreu'n sich dieser Zeit.
Nichts tönt in ihren Chören,
Als Lust und Herrlichkeit.

Schön seid ihr, Wald und Weiden
Und du, bethaute Flur!
Du spendest reine Freuden,
O reizende Natur.

90. Die Blumen.

Außer den Bäumen, Sträuchern, Stauden und Getreidearten gibt es noch eine Menge anderer Gewächse, wovon Kräuter und Gräser vorzüglich wichtig sind, weil sie Menschen und Thieren zur Nahrung dienen.

An den Stauden und Sträuchern, wohl auch auf manchen Bäumen, besonders aber an den Kräutern befinden sich wunderschöne Blüthen, die man gewöhnlich **Blumen** nennt.

Die Blumen zeichnen sich nicht nur durch ihre Farbenpracht, sondern auch durch ihren Wohlgeruch aus. Sie sind eine wahre Zierde der Natur.

Welche Blumen kennt Ihr? Welche haben den angenehmsten Geruch? Welche von ihnen haltet Ihr für die schönsten? Welche werden hauptsächlich in den Zimmern gehalten?

Die Blumen.

Wer hat die Blumen nur erdacht,
Wer hat sie so schön gemacht,
Gelb und roth und weiß und blau,
Daß ich meine Lust dran schau'?

Wer hat im Garten und im Feld
Sie so auf einmal hingestellt?
Erst war's doch so hart und kahl,
Blüht nun Alles auf einmal.

Wer ist's, der ihnen allen schafft
In den Wurzeln frischen Saft,
Gießt den Morgenthau hinein,
Schickt den hellen Sonnenschein?

Wer ist's, der sie alle ließ
Duften noch so schön und süß,
Daß die Menschen, groß und klein,
Sich in ihren Herzen freu'n?

Wer das ist und wer das kann
Und nicht müde wird daran?
Das ist Gott in seiner Kraft,
Der die lieben Blumen schafft.

91. Von den Mineralien.

An den Thieren und Pflanzen nehmen wir wahr, daß sie wachsen. Ein Stein, ein Stück Eisen, Steinkohle und so weiter dagegen wird nicht größer. Diese Naturkörper nehmen keine Nahrung zu sich; sie sind **leblos**.

Da die meisten derselben aus Gruben oder **Minen** gegraben werden, so hat man ihnen den Namen **Mineralien** gegeben.

Die Mineralien werden eingetheilt in Erde, Steine, Salze, Metalle und brennbare Mineralien.

92. Erdarten.

Die schwarze Erde, welche aus verfaulten Pflanzen und verwesten thierischen Körpern besteht und in welcher die Gewächse am besten gedeihen, heißt **Dammerde,** auch Acker- oder Gartenerde.

Die **Thonerde** läßt sich, mit Wasser vermengt, zu einer Art Teig bereiten, der im Feuer hart wird. Daraus werden Backsteine, Töpfe, Krüge, Schüsseln, Teller, Tassen und eine Menge anderer Gefäße gemacht. — Die feinste Thonerde ist die Porzellanerde.

Die **Kieselerde,** welche meistens als Sand vorkommt, verwendet man zu Mörtel und zur Bereitung des Glases.

93. Die Steine.

Die **Steine** kommen in großen Lagern unter der Garten- und Thonerde vor, bilden aber auch Berge und Gebirge, die bis in die Wolken reichen.

Von den Steinen kennet Ihr den **Schieferstein,** aus dem man die Schiefertafeln und Schieferdächer macht; ferner den **Kalkstein,** den man zum Bauen und zum Pflastern benutzt. — Der schöne Marmor und die weiße Kreide sind Kalksteinarten.

Den **Sandstein** benutzt man hauptsächlich zum Bauen und als Schleifstein.

Die **Edelsteine** sind sehr hart, haben meistens schöne Farben, werden nur selten gefunden und sind daher sehr theuer. Sie werden besonders zu Zierathen gebraucht. Der kostbarste Edelstein ist der **Diamant**.

94. Das Salz.

Von den Salzen kennt Ihr wohl bloß das **Koch- salz**. Dieß ist ein sehr nützliches Mineral. Die meisten Speisen würden unangenehm schmecken, wenn sie nicht mit Salz gewürzt wären.

Daß man Fleisch, welches längere Zeit aufbewahrt werden soll, einsalzen muß, haben wir früher schon gehört.

Es gibt große Lager, welche ganz aus Salzfelsen be- stehen. Dieselben werden ausgebrochen wie die Steine und **Steinsalz** genannt.

An vielen Orten quillt **Salzwasser** hervor, welches in großen Pfannen gekocht wird, so daß das Wasser ver- dampft und das Salz allein zurückbleibt.

95. Metalle.

Die schönsten und theuersten **Metalle** sind Gold und Silber. — Wie sieht jenes aus? Was hat dieses für eine Farbe? Was macht man aus Gold? Welche Dinge verfertigt man aus Silber?

Die nützlichsten Metalle aber sind Eisen, Kupfer und Blei; denn daraus besteht eine große Anzahl unserer Geräthe, Werkzeuge, Maschinen u. s. w., die wir täglich gebrauchen.

Die Vereinigten Staaten sind sehr reich an Metallen. Californien liefert sehr viel Gold und Silber, und der Staat Missouri ist ungemein reich an Eisen und Blei.

Gebt mir an, was aus Eisen gemacht wird. Welche Gefäße verfertigt man aus Kupfer? Wozu benutzt man das Blei? Was muß mit dem Blei geschehen, ehe man Kugeln, Röhren und sonstige Dinge daraus gießen kann?

96. Brennbare Mineralien.

Von den **brennbaren Mineralien** kennt Ihr die zwei wichtigsten, nämlich die Steinkohle und den Schwefel.

Die **Steinkohle** hat ihren Namen deßhalb erhalten, weil sie so schwarz aussieht wie Kohle und so hart ist wie Stein.

In den vereinigten Staaten haben wir so viele und so ausgedehnte Steinkohlenlager, daß man wohl sagen kann, sie seien unerschöpflich. Das ist ein Reichthum, der gar nicht zu berechnen ist.

Der **Schwefel** hat eine gelbe Farbe. Weil er sehr leicht brennt, benutzt man ihn zur Verfertigung des Schießpulvers und der Streichhölzchen.

Das Schwefelwasser hat einen sehr unangenehmen Geruch und Geschmack, wird aber dennoch häufig als Heilmittel gebraucht.

III. Erdkunde.

97. Die Farm.

Ein einzeln stehendes Wohnhaus mit den dazu gehörigen Nebengebäuden, Gärten und Feldern nennt man einen **Bauernhof,** eine **Meierei** oder eine **Farm.**

Ein Nebengebäude, in welchem die Hausthiere gehalten werden, heißt **Stall;** werden aber Früchte und Futter darin aufbewahrt, so wird es **Scheune** genannt.

Werden in einem Garten nur Gemüse gezogen, so ist er ein ....; befinden sich nur Obstbäume darin, so heißt er ....

Felder, welche gepflügt und mit Getreide bepflanzt werden, heißen ...., und Felder, auf welchen nur Gras gezogen wird, sind ....

Gärten und Felder sind mit einem .... umgeben. —
Warum? Außerdem befinden sich auf einer Farm Weide-
plätze und Holzland.

Der Farmer kann gewöhnlich seine Arbeiten nicht alle
selbst verrichten und muß daher Diener (Knechte und
Mägde) halten, denen er Lohn zu bezahlen hat.

Gewöhnlich müssen auch die Kinder der Farmer von
Jugend auf im Felde arbeiten und haben wenig, öfters gar
keine Gelegenheit, Schulen zu besuchen. Viele von ihnen
müssen daher erst in spätern Jahren lernen, was Ihr jetzt
schon wisset und würden sehr froh sein, wenn sie die Gelegenheit zum Lernen gehabt hätten, wie Ihr sie habt.

> Drum lernet wacker, früh und spät;
> Denn ernten kann nur der, der sä't!

98. Das Dorf.

Stehen mehrere Wohnhäuser, Nebengebäude und
Werkstätten mehr oder weniger regelmäßig beisammen, so
bilden sie ein **Dorf.**

In den Vereinigten Staaten wird der Name „Dorf"
indeß selten gebraucht; denn befinden sich auch nur wenige
Gebäulichkeiten beisammen, so nennt man das Ganze eine
„Stadt."

Die Wege, welche durch ein Dorf führen, nennt man
Gassen und wenn sie enge sind — **Gäßchen.**

Von den Bewohnern eines Dorfes betreiben einige
Feldbau und andere dieses oder jenes Handwerk. — Gewöhnlich ist in jedem Dorfe eine Schule und häufig auch
eine Kirche.

99. Die Stadt.

Wenn viele Gebäude regelmäßig beisammen stehen,
bilden sie eine **Stadt.**

Die Wege, welche durch eine Stadt führen, heißen
Straßen. In vielen Städten sind sowohl die Straßen
als auch die Seitenwege gepflastert.

In großen Städten sieht man prachtvolle Wohnhäuser, aber auch ärmliche Hütten; Kirchen mit und ohne Thürme; gewöhnliche Schulen und Hochschulen, Kaufläden und Werkstätten aller Art; Markthäuser, gewöhnliche Wirthschaften und Gasthöfe; Theater und Sommergärten und so weiter.

Während es auf den Farmen und in den Dörfern sehr ruhig hergeht, so herrscht in den Städten ein reges Leben. — Die Arbeiter gehen emsig ihren Geschäften nach und verursachen in manchen Werkstätten ein Geräusch, daß man dabei sein eigenes Wort nicht hören kann.

An den leeren und geladenen Karren und Wagen rennen die Kutschen vorüber, in welchen die reichen Leute spazieren fahren, oder worin Verwandte und Freunde einem Todten das letzte Geleit geben.

Wagen und Karren treibt man nach dem Markte, um Waaren abzuliefern, und Hunderte, ja Tausende strömen hin, um sie zu kaufen.

Nicht minder lebhaft geht es in den Waarenhäusern und Kaufläden zu. Da wird den ganzen Tag über ausgepackt, verkauft, verpackt und verschickt, so daß alle Hände beschäftigt sind. — Gehen die Schüler nach der Schule oder von da nach Hause, so hört man auch sie schon von der Ferne.

Welche Kirchen kennt Ihr in unserer Stadt? Welche Schulen? Welche Kaufläden? Welche Markthäuser? Welche Gasthöfe und welche Sommergärten?

Mitunter ertönt noch der schrille Pfiff eines Dampfwagens oder Dampfschiffes, und aufs Neue rasseln wieder Omnibusse und Karren nach dem Bahnhofe oder der Landung.

Solch ein reges Leben herrscht in den großen Städten vom frühen Morgen bis in die späte Nacht hinein.

> „Doch sei das Treiben noch so bunt —
> Verricht' Deine Arbeit zu rechter Stund'!“

100. Der Staat.

Viele Farmen, Dörfer und Städte bilden einen **Staat.**

Wie heißt der Staat, in welchem wir wohnen? Von welchen andern Staaten wisset Ihr die Namen noch? Wie heißt der Staat, in welchem die D e u t s ch e n wohnen? Wo wohnen die E n g l ä n d e r? Wo die F r a n z o f e n?

Wenn Menschen beisammen wohnen, so muß Einer oder müssen Einige von ihnen die Herrschaft über die Uebrigen führen.

In einer Familie ist es der H a u s v a t e r, dem die Angehörigen gehorchen müssen; in einem Dorfe oder in einer Stadt ist es der B ü r g e r m e i st e r, welcher zu befehlen hat und in einem Staate ist ein F ü r st, oder P r ä s i d e n t oder S t a t t h a l t e r das Oberhaupt.

Wie heißt der Bürgermeister in unserer Stadt? Wie der Statthalter in unserm Staate? Und wie der Präsident in den Vereinigten Staaten?

„Gesetze sind für Groß und Klein,
Gehorsam müssen Alle sein!"

101. Hügel, Berg und Gebirge.

Die O b e r f l ä ch e eines Landes ist verschieden geformt. Hier ist es eben, dort uneben, und hin und wieder findet man f l i e ß e n d e oder auch st e h e n d e G e w ä f f e r.

Eine Erhöhung der Erdoberfläche, welche nicht bedeutend ist, nennt man **Hügel;** ragt sie zwei tausend Fuß oder darüber aufwärts, so nennt man sie **Berg.** — Wer von Euch weiß einen Hügel — und wer einen Berg zu nennen?

Wenn eine Anzahl von Bergen an einander gereiht ist, bilden sie ein **Gebirge.** — Von welchen Gebirgen habt Ihr schon sprechen hören?

Es gibt viele Berge, von welchen entweder fortwährend oder von Zeit zu Zeit Dämpfe und geschmolzene, feurige Stoffe ausströmen. Das sind **feuerspeiende Berge** oder **Vulkane.**

Es ist sehr gefährlich, in der Nähe solcher Berge zu wohnen. Schon Tausende von Menschen sind dabei ums Leben gekommen, wie Euch Euer Lehrer erzählen kann.

Viele Berge sind das ganze Jahr über mit Schnee bedeckt und werden daher **Schneeberge** genannt. Von ihnen rollen oft furchtbare Schneemassen, **Lawinen,** in die Thäler, wodurch Felder und Wohnungen zerstört, und Thiere und Menschen getödtet werden.

102. Lawinen.

Der 12. December des Jahres 1809 brachte für die hohen Bergthäler des Schweizerlandes eine fürchterliche Nacht und lehrt uns, wie ein Mensch wohl täglich Ursache hat, an das Sprüchlein zu denken: „Mitten im Leben sind wir von dem Tode umfangen." Auf allen Bergen lag ein tiefer, frisch gefallener Schnee; der 12. December brachte Thauwind und Sturm. Da dachte Jedermann an großes Unglück und betete. Wer sich und seine Wohnung für sicher hielt, schwebte in Betrübniß und Angst für die Armen, die es treffen würde; und wer sich nicht sicher hielt, sagte zu seinen Kindern: „Morgen geht uns die Sonne nicht mehr auf", und bereitete sich zu einem seligen Ende vor.

Da rissen sich auf einmal an allen Orten von den höchsten Gipfeln die Lawinen los, stürzten mit entsetzlichem Tosen und Krachen niederwärts, wurden immer größer und größer, schossen immer schneller, toseten und krachten immer fürchterlicher, und jagten die Luft vor sich her und so durcheinander, daß im Sturme, noch ehe die Lawine ankam, ganze Wälder zusammenkrachten und Ställe, Scheunen und Wohnungen wie Spreu davon flogen; und wo die Lawinen sich in den Thälern niederstürzten, da wurden stundenlange Strecken mit allen Wohngebäuden, die darauf standen, und mit allem Lebendigen, das darin athmete, erdrück=

und zerſchmettert, und nur wie durch ein göttliches Wunder wurde hier oder dort Jemand gerettet.

Einer von zwei Brüdern, die bei einander wohnten, war auf dem Dache, das hinten an den Berg ſtieß, und dachte: „Ich will den Raum zwiſchen dem Berge und dem Dächlein mit Schnee ausfüllen und alles eben machen, auf daß die Lawine, wenn ſie kommt, über das Häuslein hinwegfährt und wir vielleicht“ — aber als er ſagen wollte: „mit dem Leben davonkommen“ — führte ihn plötzlich der Wind, der vor der Lawine hergeht, vom Dache weg und hob ihn ſchwebend in die Luft, wie einen Vogel, und über einen entſetzlichen Abgrund. Und als er eben in Gefahr war, in die unermeßliche Tiefe hinabzuſtürzen, ſtreifte die Lawine an ihm vorbei und warf ihn ſeitwärts. Er ſagte, es habe ihm nicht wohl gethan; aber in der Betäubung umklammerte er einen Baum, kam glücklich davon und ging wieder heim zu ſeinem Bruder, der auch noch lebte, obgleich der Stall neben dem Häuschen wie mit einem Beſen weggewiſcht war.

In allen Berggegenden der Schweiz ſind in einer Nacht und faſt in der nämlichen Stunde durch die Lawinen ganze Familien erdrückt, ganze Viehheerden mit ihren Stallungen zerſchmettert, Viehtriften und Gartenland bis auf den nackten Felſen weggeführt und ganze Wälder zerſtört worden,.

103. Der Fluß.

Ein **Fluß** iſt ein fließendes Waſſer. Wo er ſeinen Anfang nimmt, da iſt ſein Urſprung und wo er in einen andern Fluß oder in einen See oder in ein Meer fließt, da iſt ſeine Mündung.

Iſt ein Fluß klein, ſo führt er den Namen **Bach**; iſt er aber ſehr groß, ſo nennt man ihn **Strom.**

Kommt ein Fluß von der Seite her in einen andern Fluß, ſo nennt man ihn **Seitenfluß.**

Wer von Euch kennt einen Bach? Wer einen Strom? Wer einen Seitenfluß?

Bäche und Ströme fließen in den **Thälern** dahin. Die Thäler ſind bald enge, bald weit. Gewöhnlich aber ſind ſie die fruchtbarſten Gegenden eines Landes.

Die Räder vieler Mühlen werden durch Flüsse getrieben. Durch was werden übrigens die Räder der meisten Mühlen und Fabriken in Bewegung gesetzt?

Wenn ein Fluß über Felsen hinabstürzt, so bildet er einen Wasserfall. Der größte Wasserfall auf der ganzen Erde ist der Niagara-Fall bei Buffalo. Denn daselbst stürzt sich der zwölfhundert Yard breite Niagara-Strom über eine hundertfünfundsechszig Fuß hohe Felsenwand hinunter. Das Tosen dieses Falles hört man wohl zehn Meilen weit.

104. Teich, See und Meer.

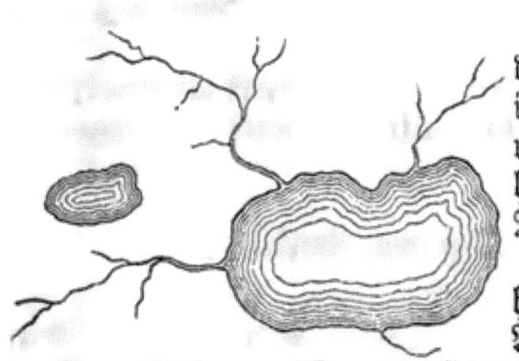

Ein kleines, stehendes Wasser, wie man es in Dörfern, Städten und Feldern häufig sehen kann, nennt man **Teich**.

Hat aber das stehende Wasser bedeutende Ausdehnungen, so bildet es einen **See**. — Wo wißt Ihr einen Teich? Wer von Euch hat schon einen See gesehen?

In den Teichen ist das Wasser gewöhnlich trübe; in den Seen dagegen klar. — Eine Gegend, in welcher sich viele Teiche befinden, ist ungesund; an den Seen aber ist es angenehm zu wohnen.

Ganz große stehende Gewässer nennt man **Meere**. Es gibt Meere, welche mehrere tausend Meilen lang und breit sind. — Von welchen Meeren habt Ihr schon sprechen hören?

Welche Thiere leben in den Teichen, Seen, Flüssen und Meeren? Mit welchen Fahrzeugen kann man auf Seen, Flüssen und Meeren fahren? Wann kann man über Teiche, Seen und Flüsse gehen?

105. Welttheile.

Mehrere Staaten oder Länder, welche zusammenhängen, bilden einen **Continent** oder **Welttheil.** — In welchem Welttheil leben wir?

Der Welttheil, aus welchem die Deutschen, Franzosen, Engländer u. s. w. stammen, heißt **Europa.** — Der heiße Continent, aus welchem die Neger stammen, heißt **Afrika.**

Noch weiter von uns weg ist **Asien,** worin Palästina, Indien, China und manche andere Länder liegen.

Der fünfte Welttheil, den man noch nicht lange kennt, heißt **Australien.**

Wenn Ihr einst älter seid und recht gut lesen könnt, so werdet Ihr viel Unterhaltendes über die genannten Welttheile erfahren.

106. Tag und Nacht.

Wenn die Sonne aufgegangen, ist es hell; wir haben **Tag.** Scheint die Sonne nicht mehr, so ist es dunkel; wir haben **Nacht.** — Wann haben wir die längsten Tage? — Wann die längsten Nächte? — Im Frühjahr und Spätjahr gibt es eine Zeit, in welcher die Tage und Nächte gleich lang sind. Wer von Euch weiß mir zu sagen, in welchen Monaten dieß der Fall ist?

Mitten im Tage, um zwölf Uhr, ist es **Mittag.** Um zwölf Uhr in der Nacht ist es ......

Am Tage ist Alles geschäftig. Die Menschen verrichten ihre Arbeit und die Thiere suchen ihre Nahrung.

Die Nacht ist für die Ruhe bestimmt. — Nur wenn die Tage gar kurz sind, müssen die Menschen auch noch zur Nachtzeit arbeiten. Welche Menschen müssen in der Nacht wachen? Welche Arbeiter müssen hauptsächlich in der Nacht thätig sein?

Welche Thiere gehen des Nachts auf Raub aus?
Wer kann mir sagen, wie viele Tage zu einer Woche gehören? — Wer weiß die Namen der Wochentage anzugeben?

107. Morgen und Abend.

Kurz ehe die Sonne aufgeht, ist es nicht mehr ganz
dunkel, aber auch noch nicht recht hell; es dämmert;
wir haben Morgendämmerung. Nachdem sie aufgegangen, haben wir **Morgen** und nach diesem Vor-
mittag.

Ist die Mittagszeit vorüber, so haben wir Nachmittag und nach diesem **Abend.** Ist es des Abends nicht
mehr recht hell, aber auch noch nicht ganz dunkel, so haben
wir Abenddämmerung.

Fleißige Menschen gehen des Morgens früh an ihre
Arbeit; denn sie leben nach dem Sprüchlein:

„Morgenstund’ hat Gold im Mund.“

Faulpelze aber bleiben im Bette liegen, bis die Sonne
zu ihnen hineinschaut, und legen sich noch von einem Ohr
auf das andere, ehe es ihnen gefällt, aufzustehen und an
die Arbeit zu gehen. — Wer von Euch macht es so?

108. Die Sonnenstrahlen.

Die Sonne war aufgegangen und stand mit ihrer schönen,
glänzenden Scheibe am Himmel. Da schickte sie ihre Strahlen
aus, um die Schläfer in dem ganzen Lande zu wecken. Da kam
ein Strahl zu der Lerche. Sie schlüpfte aus ihrem Neste, flog
in die Luft hinauf und sang: Liri liri li, schön ist’s in der
Früh. — Der zweite Strahl kam zu dem Häschen und weckte es
auf. Das rieb sich die Augen nicht lange, sondern sprang aus
dem Walde auf die Wiese und suchte sich zartes Gras und saf-
tige Kräuter zu seinem Frühstück. — Und ein dritter Strahl kam
an das Hühnerhaus. Da rief der Hahn: Kikiriki! und die
Hühner flogen von ihrer Stange herab und gackerten in dem
Hofe und suchten sich Futter und legten Eier in das Nest. —
Und ein vierter Strahl kam an den Taubenschlag zu den Täub-
chen. Die riefen: Ruckedikù, die Thür ist noch zu. Und als

die Thür aufgemacht war, da flogen sie alle in das Feld und liefen über den Erbsenacker und lasen sich die runden Körner auf. Und ein fünfter Strahl kam zu dem Bienchen. Das kroch aus dem Bienenkorb hervor, wischte sich die Flügel ab und summte dann über die Blumen und den blühenden Baum hin und trug den Honig nach Hause. Da kam der letzte Strahl an das Bett des Faullenzers und wollte ihn wecken. Allein er stand nicht auf, sondern legte sich auf die andere Seite und schnarchte, während alle Anderen arbeiteten.

109. Die Jahreszeiten.

Ihr wisset Alle, daß wir jedes Jahr eine angenehme Zeit haben, in welcher die Pflanzen aufs Neue erwachen und Blätter und Blüthen hervorbringen; dann eine heiße Zeit, in welcher die Früchte reifen; danach eine liebliche Zeit, in welcher die Früchte eingesammelt werden und zuletzt eine kalte Zeit, in der es schneit und friert.

Diese vier Zeiten nennt man **Jahreszeiten.** Die erste davon heißt Frühling. Wie nennt man die zweite? Wie die dritte? Und wie die vierte? Welche von ihnen habt Ihr am liebsten?

Welche Annehmlichkeiten hat der Frühling? Der Sommer? Der Herbst? Der Winter? Welche Nachtheile bringt jede dieser vier Jahreszeiten?

110. Der Frühling.

Der **Frühling** oder **Lenz** ist eine herrliche Jahreszeit. Zuvor war auf dem Boden kein Gräschen zu sehen; die Bäume waren kahl; kein Singvögelchen war zu hören; kein Schmetterling flatterte umher; kein Bienchen summte und kein Käfer brummte — es war Alles wie todt in der Natur.

Jetzt ist durch den warmen Sonnenschein Alles wach geworden! Wiesen und Felder bedecken sich mit Grün; die Bäume bringen Blätter und Blüthen hervor; die Singvögel kehren wieder; das Bienchen sammelt wieder

Wachs und Honig; das Lämmchen hüpft fröhlich auf der Weide: Die ganze Natur ist neu belebt!

Und die Knaben und die Mädchen? Auch sie fühlen wieder frisches Leben. Leicht gekleidet, eilen sie in das Freie, treiben ihre mannigfachen Spiele und singen ihre munteren Lieder dabei.

Frühlings Ankunft.

Der Lenz ist angekommen!
Habt Ihr ihn nicht vernommen?
Es sagen's Euch die Vögelein,
Es sagen's Euch die Blümelein:
„Der Lenz ist angekommen!"

Ihr seht es an den Feldern,
Ihr seht es an den Wäldern;
Ihr seht's am blauen Himmelszelt,
Ja selbst der Bach es Euch erzählt:
„Der Lenz ist angekommen!"

Hier Blümlein auf der Heide,
Dort Schäflein auf der Weide.
Ach seht doch, wie sich Alles freut,
Es hat die Welt sich schön erneut:
Der Lenz ist angekommen!

111. Der Sommer.

Die Tage sind lang; die Sonne brennt; Menschen und Thiere suchen Erholung im Schatten; die Nächte sind schwül; die Blüthen an den Bäumen sind verschwunden und Früchte an ihrer Stelle; das Getreide erlangt jetzt zusehends seine Reife — es ist **Sommer**.

Es ist Sommer: Der Mäher geht früh Morgens auf das Feld, um das Getreide mit seiner Sense abzu-

mähen, damit es in Garben gebunden und später gedro=
schen werden kann. Deßgleichen mäht er das Gras auf
den Wiesen welches, nachdem es gedörrt ist, als Heu für
den Winter aufbewahrt wird.

Auf großen, ebenen Feldern mäht man Getreide und
Gras nicht mit der Sense, sondern mit Mäh=Maschi=
nen.

Der Sommer ist für den Farmer eine harte Zeit.
Mancher Schweißtropfen rinnt täglich über seine Stirne.
Aber er freut sich auch inniglich, wenn ein reicher Ern=
te se gen seine Mühe lohnt.

Sommerliedchen.

Sommer, o Sommer, du fröhliche Zeit,
Alles ist wieder mit Blumen bestreut.
Hüpfende Schäfchen, sie spielen im Feld,
Freuen sich alle der herrlichen Welt.
Falter und Lerchen durchfliegen den Raum,
Vögelein singen und hüpfen im Baum.
Glänzende Mücken, die tanzen so fein,
Tanzen im goldigen, sonnigen Schein.
Danket, o Kinder, o danket dem Herrn,
Danket ihm freudig, o danket ihm gern!

112. Der Herbst.

Die Tage werden wieder kürzer, sind aber nicht mehr
unangenehm heiß — sondern lieblich warm; die Nächte
sind kühl; die späten Feldfrüchte und Gemüsearten werden
eingeheimst; die Saatfelder werden wieder für das
nächste Jahr bestellt; die reifen Aepfel, Birnen, Trauben
u. s. w. werden gesammelt — es ist **Herbst** oder **Spät=
jahr.**

Es ist Spätjahr: Nachtfröste treten ein; die
Blätter an den Bäumen werden allmälig welk und fallen
ab; das Gras auf den Feldern verdorrt; die ganze Natur
erlangt ein ödes Aussehen; es scheint, als ob sie von ihrer
langen Thätigkeit ausruhen — schlafen wollte.

Der Herbst.

Der Herbst ist ein lust'ger Geselle,
Er trägt ein buntes Kleid
Und springt und jubiliret
Vor ausgelaſſ'ner Freud'.

Er singt im echten Brausebaß,
Fährt Einem um den Kopf,
Wirft Alles drüber und drunter
Und zauſt die Bäum' am Schopf.

Er stürmt wie'n wilder Bube
Hin über Berg und Feld,
Fegt durch die raſſelnden Blätter
Und heiſa! in die Welt.

Wirft, wie er zieht, uns Gaben
Mit vollen Händen zu,
Füllt Scheuer, Haus und Keller
Und Schüſſel und Glas dazu.

Der Herbst ist ein wilder Geselle
Und doch so herzensgut,
Recht wie ein echter Bursche,
Drum bin ich ihm auch so gut.

113. Der Winter.

Die Tage sind kurz; es ist froſtig — kalt; die
Schneeflocken fallen im Zickzack hernieder; eine weiße
Decke breitet ſich über Felder und Wälder; die Teiche,
Seen und Flüſſe ſind mit einer Eisdecke überzogen; die
Menschen gehen in dicken, dunkeln Anzügen einher — es ist
Winter.

Es ist Winter; die Knaben gehen auf's Eis und laufen auf ihren Schlittschuhen um die Wette; Knaben
und Mädchen rennen an den Hügeln hinauf und reiben ſich
vergnügt die Hände, wenn ihre Schlitten zuweilen einen
Purzelbaum schlagen, während ſie die ſteilen Abhänge hinunter fahren; die Pferde werden, mit Glocken behängt, vor
große Schlitten gespannt und dahin geht es im ſauſenden

Galopp; die S ch n e e b a l l e n fliegen von rechts und links und dort — siehe! Ein plumper Mann steht da; weiß von oben bis unten. Die Knaben haben ihn zurecht gemacht. Er hat gar einen Besen im Arm und guckt mit seinen kohlschwarzen Augen gar grimmig drein. Warte nur, du armer Schelm; wenn dir die Sonne auf den Pelz brennt, dann wird es bald aus sein mit dir!

So gewährt auch der Winter, ein sonst grimmiger Geselle, gar mancherlei Vergnügen für Alt und Jung.

Nur bei dem W i l d geht es zu dieser Zeit oft gar knapp her. Die armen Thiere müssen zuweilen schrecklich leiden und viele von ihnen kommen aus Hunger und Kälte um.

114. Die Schlittenfahrt.

Die Schellen klingen hell und rein,
    Kling ling.
Die Peitsche knallet lustig drein!
    Kling ling.
Wie weht so scharf der kalte Wind!
    Hallo!
Wie saust der Schlitten hin geschwind!
    Hallo!
Was springt dort auf, vom Schall erschreckt?
Ein Häschen ist's, lag tief versteckt
    Im Schnee.
Nun läuft es fort, so schnell es kann:
Es fürchtet wohl den Jägersmann.
    O je!
Es singt im Wald kein Vogel mehr
    So froh,
Nur Krähen krächzen um uns her:
    Kro kro!
Der Winter macht uns wohlgemuth, —
Ob er's wohl auch den Vögeln thut
    So froh?
Der Baum ist kahl, dem Thier ist's kalt,
    Doch da!
Gäb's nur im Lenz noch Schlittenbahn,
Wir wünschten auch den Lenz heran.
    Ja, ja!

115. Der Schneemann.

Seht den Mann, o große Noth!
Wie er mit dem Stocke droht,
Gestern schon und heute noch!
Aber niemals schlägt er doch.
Schneemann, bist ein armer Wicht,
Hast den Stock und wehrst dich nicht.

Freilich ist's ein armer Mann,
Der nicht schlagen noch laufen kann;
Schleierweiß ist sein Gesicht.
Liebe Sonne schein' nur nicht,
Sonst wird er gar wie Butter weich
Und zerfließt zu Wasser gleich.

116. Die Sonne.

Wenn wir des Morgens früh aufstehen, sehen wir eine glänzende Scheibe am Himmel aufsteigen, welche Alles erwärmt und neues Leben in der Natur verbreitet. Das ist die liebe **Sonne.**

Sie erhebt sich im O st e n oder M o r g e n und steigt höher und höher, bis sie den höchsten Standpunkt eingenommen hat. Nun sehen wir sie gegen M i t t a g oder S ü d e n.

Nachdem senkt sie sich abwärts, bis sie als „goldene Scheibe" wieder verschwindet. Das thut sie im W e st e n oder A b e n d. — Wenden wir uns mit dem Gesichte s ü d w ä r t s, so kehren wir N o r d e n oder M i t t e r n a c h t den Rücken zu.

Diese vier Gegenden: O st e n, S ü d e n, W e st e n und N o r d e n nennt man H i m m e l s g e g e n d e n.

Zeigt nun mit Eurer rechten Hand nach Süden, nach Norden, nach Osten, nach Westen. — Welche Stadt liegt östlich von uns; welche nördlich; welche westlich; welche südlich? In welcher Richtung liegt Europa?

Die Sonne ist viel tausend Mal größer, als die Erde. Das könnt Ihr wohl kaum glauben, weil sie Euch so klein

erſcheint. Es iſt aber dennoch ſo! Sie kommt uns nur
deßhalb ſo klein vor, weil ſie ungeheuer weit von uns ent=
fernt iſt.

117. Die Sterne und der Mond.

Wenn die Sonne untergegangen, und der Himmel
mit Wolken bedeckt iſt, iſt es dunkel oder wohl finſtere Nacht.
Sind aber die Wolken verſchwunden, ſo funkeln ſo viele
Sterne, daß wir ſie gar nicht zählen können.

Unter dieſen Sternen iſt uns der **Mond** der liebſte.
Er verbreitet ein ſo mildes, liebliches Licht, daß wir gar
gerne nach ihm ſchauen.

Und der Wanderer, der ſich des Nachts im Walde
verirrt hat, wie froh iſt er, wenn der Mond ſo freundlich
herniederleuchtet! Wie herzlich dankt er dem gütigen
Schöpfer, für dieſen Wegweiſer!

Nur alle vier Wochen, um Vollmond, ſehen wir
die ganze Mondſcheibe. Alsbald aber nimmt ſie ab, wird
kleiner und kleiner, bis wir um Neumond Nichts mehr
von ihr ſehen. Dann nimmt ſie wieder zwei Wochen lang
zu, bis man wieder die ganze Scheibe ſehen kann.

IV. Aus der Naturlehre.

118. Die Luft.

Die ganze Erde iſt mit **Luft** umgeben. Luft iſt in
den Thälern, Luft auf den Bergen, Luft iſt in den Höhlen
der Erde, Luft in unſern Wohnungen, Luft iſt in den Men=
ſchen, in den Thieren und in den Pflanzen. Mit jedem
Athemzuge ziehen wir Luft ein, um ſie alsbald wieder
auszuhauchen.

Ohne Luft kann kein Menſch und kein Thier leben,
und auch keine Pflanze wachſen.

Obgleich überall Luft ist, können wir sie doch nicht sehen; sie ist u n s i c h t b a r.

F ü h l e n aber können wir sie. Wir fühlen sie, wenn wir mit der flachen Hand rasch gegen unser Gesicht fahren; noch deutlicher aber fühlen wir sie, wenn wir einen Fächer benutzen oder uns einem L u f t z u g e in einem Hausgange u. s. w. aussetzen.

Ist die Luft im Freien in Bewegung, so haben wir W i n d. Wir sprechen von s a n f t e m und s t a r k e m Wind. Ein sanfter Wind ist besonders zur Sommerzeit recht angenehm; ein starker Wind dagegen ist oft sehr schädlich.

Sehr starke Winde nennt man S t ü r m e. Die Stürme richten manchmal schreckliche Verwüstungen an. Sie reißen Bäume aus, decken Häuser ab, ja, stürzen zuweilen Gebäude nieder, treiben Schiffe gegen Felsen, daß sie zerbersten und werfen sogar Eisenbahnwagen um, wodurch Menschen und Waaren beschädigt werden.

119. Wind und Wolke.

Wolke. Du böser Wind, was that ich dir,
Daß du mich umhertreibst für und für?
Wind. Mußt heute noch viele Meilen fliegen!
Dort hinter den blauen Bergen liegen
Große Ebenen mit Menschen und Thier,
Die durstig sind; dahin eilen wir.
Der Wind entfaltete seine Flügel,
Trug sausend die Wolke über die Hügel
Und über die Berge aufs durstige Land;
Zog drauf die Schwingen ein und verschwand.

Die Wolke strömte nun göttlichen Segen,
Und alles jauchzet nach ihrem Regen.
Die Bäume strecken sich hoch hervor,
Die Blümlein schauen fröhlich empor;
Erquickte Vöglein zwitschern und singen,
Das Wild und die Lämmlein hüpfen und springen;
Der Mensch lenkt dankend Augen und Herz
Zum Vater des Regens himmelwärts.
Und als die Wolke vorübergezogen,
Da schmückt sie ein herrlicher Regenbogen.

120. Wässerige Dünste.

Wenn wir Wasser in ein flaches Gefäß (Teller) gießen, dasselbe ruhig stehen lassen und Nichts daraus nehmen, so wird es nach einigen Tagen dennoch leer sein. Wo ist nun das Wasser hingekommen?

Es ist als unsichtbarer **Dunst** in die Luft gestiegen.

Wenn wir den Fußboden eines Zimmers begießen, so ist er nach kurzer Zeit wieder trocken. Das Wasser wird theilweise von den Brettern e i n g e s o g e n, der größte Theil aber steigt gleichfalls als Dunst in die Luft.

Nach einem Regen wird es bald wieder trocken; ebenso trocknen Bäche und Teiche zur Sommerzeit aus. Das Wasser sickert theilweise in die Erde; das meiste aber steigt als Dunst in die Höhe.

Allein nicht bloß von dem Wasser und von dem Grunde, sondern auch von den Pflanzen, Thieren und Menschen steigen fortwährend Dünste in die Luft.

121. Thau und Nebel.

Wenn die Sonne an einem Sommertage recht warm geschienen hat und wir gehen Abends in ein Feld, so finden wir die Blätter der Pflanzen an ihrer untern Seite n a ß. Gras und Kräuter werden nämlich des Abends kühl, und die Dünste, welche aus dem Grunde emporsteigen, setzen sich als **Abendthau** an ihre Blätter.

Des Morgens finden wir Gras und Kräuter naß auf ihrer obern Seite. Aus der kühlen Morgenluft haben sich die Dünste auf die Pflanzen gesenkt und den **Morgenthau** gebildet.

Der Thau ist von sehr großem Nutzen, besonders zu Zeiten, in welchen es nicht viel regnet.

Steigen die Dünste aus dem Wasser, der Erde, den Pflanzen, Thieren und Menschen in die kühle Luft, so v e r d i c h t e n sie sich und bilden **Nebel**. Morgens und Abends sind die Nebel am häufigsten; in manchen Gegen-

den sind sie aber auch den ganzen Tag über, und zwar
manchmal so dicht, daß man beinahe gar nicht sehen kann
und mitten am Tage Lichter gebrauchen muß.

122. Wolken und Regen.

Steigen die wässerigen Dünste weit empor und verdichten sich daselbst, so bilden sie **Wolken**.

Die Wolken sehen bald weiß, bald blau, bald röth-
lich, bald dunkel aus; bald sind sie klein und ziehen als
„Schäfchen" an dem Himmel dahin; bald sieht man sie,
zu großen Massen angehäuft, gar wunderliche Figuren
bilden.

Aus den Wolken entsteht der **Regen**. Staub-
regen heißt er, wenn sich die Tröpfchen fein und langsam
heruntersenken; Gußregen, wenn große Tropfen in
Masse herunterstürzen.

Ist es längere Zeit trocken, so sehnt man sich nach
Regen; hat man aber Regenwetter, so verlangt man
nach Sonnenschein.

So wohlthätig der Regen gewöhnlich ist, so zerstörend
kann er zuweilen auch wirken. — In wiefern?

123. Reif, Schnee und Hagel.

Hat sich Abends oder Morgens Thau an Gräser,
Kräuter 2c. gesetzt und es wird plötzlich recht kalt, so wird
dieser Thau zu Eis und heißt **Reif**.

Im Frühjahr und Spätjahr verursacht der Reif oft
sehr großen Schaden. Warum?

Wenn die Wasserdünste in der Luft gefrieren, bilden
sie Eisnadeln. Diese verbinden sich mit einander zu
Schneeflocken, fallen langsam herab und überziehen die
Erde mit einer weißen Decke, wodurch die Saaten gegen
die Kälte geschützt werden.

Wenn die Regentropfen während ihres Herabfallens
durch sehr kalte Luft kommen, werden sie plötzlich in Eis-

körner verwandelt und stürzen herab als **Hagel.** Die Hagelkörner erreichen zuweilen die Größe von Taubeneiern und verursachen großen Schaden an Feldfrüchten und Bäumen.

124. Das Gewitter.

Zur Sommerzeit ist es manchmal so schwül, daß wir uns ganz unbehaglich fühlen. „Ich trage ein Gewitter auf mir" — oder „es muß ein Gewitter kommen," so hört man alsdann Viele sagen.

Meistens sieht man auch bald darauf graue Wolken entstehen, die sich immer mehr verdichten, rasch hin und wider fahren und immer dunkler werden. Ein Wind erhebt sich und wirbelt den Staub empor, daß sich Jedermann in die Wohnungen flüchtet und Fenster und Thüren schließt.

Bald darauf sieht man den Blitz durch die Wolken fahren und vernimmt das ferne Rollen des Donners. Die Blitze werden häufiger, sie fahren im Zickzack hernieder auf die Erde, zerschmettern Bäume und entzünden Gebäude, und die Donnerschläge krachen, daß die Erde erzittert. Das **Gewitter** ist da. Der Regen strömt herab; die Thiere haben sich schon in ihre Verstecke zurückgezogen und die Menschen harren ängstlich auf die Dinge, die da kommen sollen.

Nach einiger Zeit erscheint der blaue Himmel wieder; die Sonne scheint freundlich durch den Regen, der sich allmälig vermindert, und bildet den prächtigen Regenbogen.

Ist das Gewitter vorüber, so singen die Vögel ihre muntern Lieder; die Lämmer hüpfen wieder auf der Weide; die Pflanzen haben ein frisches Aussehen gewonnen und duften auf das Lieblichste, und auch der Mensch fühlt sich neu gestärkt.

Durch allzustarke Regengüsse, durch Hagel und Einschlagen des Blitzes verursachen die Gewitter oft großen Schaden.

125. Das Gewitter.

Fern am Horizonte steigen
Schwarze Wolkenmassen auf,
Aengstlich alle Vögel schweigen,
Hemmen ihres Fluges Lauf.

In den Pflanzen stockt das Leben,
Wird verzehrt von heißer Luft,
Bäume neigen sich und Reben,
Blumen hauchen keinen Duft.

Schwüle liegt auf Berg und Thalen,
Still ist's wie in einer Gruft,
Stechend sind der Sonne Strahlen,
Dringen in die Felsenkluft.

Horch, aus weiter Ferne wallet
Schwer und dumpf ein grauser Ton;
Dort aus dem Gewölke hallet
Das Geröll des Donners schon.

Langsam nah'n die düstern Schichten
Wälzend, schwellend sich heran;
In den dunkelgrauen, dichten,
Schau! da geht ein Kämpfen an.

Stürme brausen, Donner krachen,
Regen wühlt im Erdengrund,
Wolken öffnen ihren Rachen,
Speien Feuer aus dem Schlund.

Fenster klirren, Häuser zittern.
Nieder stürzt der Pappelbaum;
Will die Erde gar zersplittern?
Stürzt der ganze Weltenraum?

Horch! durch Donner und durch Blitze,
Durch des Regens lauten Fall
Mahnet von des Thurmes Spitze
Zum Gebet der Glocken Schall.

Leiser fließt der Regen nieder,
Ferner hallt der Donner schon;
Blauer Himmel kehret wieder,
Und die Schrecken sind entfloh'n.

7

Abgekühlt sind nun die Lüfte,
Was gesenkt war, blickt empor;
Feld und Wald haucht frische Düfte,
Singend steigt der Vögel Chor.

Jede neugestärkte Blüthe,
Und das Lämmlein in dem Thal
Preiset Gottes Macht und Güte
Bei dem milden Sonnenstrahl.

126. Wärme.

Wenn Ihr schnell an einem Seil oder Geländer hinabgleitet, so werden Eure Hände warm, ja zuweilen so heiß, daß Blasen daran entstehen.

Wenn man rasch bohrt, sägt oder hämmert, so werden Bohrer, Hammer und Säge so heiß, daß man sie nicht mehr anfühlen kann.

Wenn man mit einem Wagen, dessen Räder wenig oder gar nicht geschmiert sind, schnell fährt, so werden sie so heiß, daß die Flammen ausschlagen und der Wagen in Feuer geräth.

Durch das Hinabgleiten, durch Bohren, Sägen, Hämmern und durch das Reiben der Räder an den Achsen wird der **Wärmestoff,** der in allen Körpern enthalten ist, entwickelt und bis zur Flamme gesteigert.

Auch die Sonne hat die Eigenschaft, aus allen Naturkörpern, selbst aus dem Wasser, Wärme zu entwickeln.

Je senkrechter die Sonnenstrahlen auf die Erde gelangen, desto mehr Wärme entwickeln sie; je schiefer dagegen ihre Richtung ist, desto weniger wirken sie.

Zur Mittagszeit, wenn die Sonne am höchsten steht, ist es daher viel wärmer, als Abends und Morgens, wenn ihre Strahlen in schiefer Richtung zu uns gelangen.

Aus demselben Grunde ist es im Sommer heiß und im Winter kalt.

Wärme erzeugt Leben und befördert Wachsthum und Gedeihen. Kälte verhindert das Wachsthum und vernichtet das Leben.

Durch Hitze können die Metalle geschmolzen werden. Wer von Euch kennt aber eine Erdart, welche durch Hitze hart wird? Und wer kennt einen Stein, der durch „Brennen" so zubereitet wird, daß er sich nachher im Wasser auflöst?

127. Der Dampf.

Wenn wir Wasser in ein Gefäß gießen und dasselbe auf einen heißen Ofen stellen, so sehen wir nach kurzer Zeit weiße Bläschen davon aufsteigen. Das ist **Dampf.** Gießen wir kein Wasser nach, und lassen das Gefäß längere Zeit auf dem heißen Ofen stehen, so wird dasselbe leer; denn das sämmtliche Wasser verwandelt sich in Dampf. Ist ein Deckel auf dem Gefäß, so wird der Dampf denselben heben und am Rande hinausströmen. Und legt man Gewichte auf den Deckel, so werden auch diese gehoben, oder sogar hinweg geschleudert, und der Dampf strömt mit Gewalt hinaus.

Füllt man aber ein eisernes Gefäß theilweise mit Wasser, verschließt dasselbe vollständig und erhitzt es längere Zeit, so wird dasselbe unter großem Geräusch b e r st e n, so daß die Stücke nach allen Richtungen hinfliegen.

Eine solche Macht übt der Dampf aus. Darüber braucht man sich aber nicht zu wundern, wenn man bedenkt, daß der Dampf sechszehnhundert Mal so viel Raum einnehmen will, als das Wasser, aus dem er entsteht. Aus einer Gallone Wasser also kann man sechszehnhundert Gallonen Dampf erzeugen!

Weil der Dampf eine so große Kraft besitzt, so benutzt man ihn seit längerer Zeit, um Räder in Mühlen, an Schiffen und an Wägen in Bewegung zu setzen. Wie nennt man die Mühlen, Schiffe und Wägen, welche durch Dampf getrieben werden?

Was früher Menschen und Thiere in Bewegung setzen mußten, das verrichtet jetzt der Dampf. Die Männer aber, welche durch Nachdenken darauf gekommen sind, den Dampf so anzuwenden, haben sich große Verdienste erworben. Deßhalb wollen wir auch das Andenken derselben in Ehren halten. James Watt, ein Engländer, hat im Jahre 1774 die erste Dampfmaschine erbaut, und der Amerikaner Robert Fulton erbaute im Jahre 1807 das erste Dampfschiff, mit welchem er seine Probefahrt auf dem Hudson River machte.

Jetzt fährt man von St. Louis nach New York in 36 Stunden, während man früher zu einer solchen Reise so viele Tage gebrauchte. Und von New York nach London gelangt man in etwa 10 Tagen, während es früher beinahe so viele Wochen hiezu nahm.

128. Der Menschengeist.

Kind. Sagt mir in aller Welt,
Fliegt das da durch das Feld?
Wagen sind mehr als zehn,
Müssen von selber geh'n.
Pferde bemerk' ich nicht!
Ja, und für solch Gewicht
Reichten nicht fünfzig hin!
Wer mag die Wagen zieh'n?

Dampf. Alle beweg' ich fort!

Wasser. Glaub' nicht des Prahlers Wort!
Ohne mich ist kein Dampf.

Feuer. Wagst du mit mir den Kampf?
Macht' dich nicht Feuer heiß,
Wasser, so wärst du Eis,
Brächtest nie Dampf hervor!
Schweig' denn, du eitler Thor!

Steinkohle. Feuer, wer nähret dich?
　　　　　 Stirbst du nicht ohne mich?

Menschengeist. Schweiget nur, alle vier;
　　　　　　　 Sparet die Ruhmbegier!
　　　　　　　 Was ihr bewirkt und schafft,
　　　　　　　 Dankt ihr des Geistes Kraft,
　　　　　　　 Der euch zu nutzen weiß!

Stimme von Oben. Bringe dem Schöpfer Preis,
　　　　　　　　 Menschengeist! — Gottes Ruf
　　　　　　　　 War es, der dich erschuf!

V. Vermischtes.

A. Gespräche.

129. Die Entdeckung.

Fritz. (Zur Thür hereinkommend und auf die Mutter, mit einer Traube in der Hand, zulaufend.) Hier, liebe Mutter, hier bring' ich dir was Gutes! Ach, versuch' nur einmal, wie süß! wie süß!

Mutter. (Traurig.) Danke, danke, lieber Fritz! Behalte doch die Traube! Vor Allem aber sprich, wo du sie her hast!

Fritz. Von unserm Herrn Pfarrer. Ich hab' ihm auf einer Leiter die Trauben an seinem Hause abgemacht, und da gab er mir diese dafür. O versuch' nur! Ich hab' auch ein Paar Beerchen davon gepflückt. (Er will der Mutter ein Paar in den Mund stecken.)

Mutter. (Den Mund abwendend.) O, lieber Fritz! mich hungert und dürstet diesen Abend nicht.

Fritz. Und warum nicht? ... Ach du bist traurig, Mutter! Was fehlt dir? O du hast geweint! Liebe Herzensmutter, was hast du?

Mutter. Ach, Kind, einen großen Jammer! Ich habe eine schreckliche Entdeckung gemacht.

Fritz. Eine schreckliche Entdeckung? O mach' mich nicht weinen! Ich kann deine Augen nicht naß sehen.

Mutter. Soll ich nicht weinen, wenn meine Kinder — mein Liebstes auf Erden, die ich zu allem Guten erziehe, die mir unser seliger Vater im Sterben noch auf die Seele gebunden hat — so schändlich mißrathen?

Fritz. Gott, wie erschreckst du mich, Mütterchen! Hab' ich was Böses gethan! ach Gott, ich weiß es nicht einmal!

Mutter. Du nicht; aber dein Bruder Karl.

Fritz. Ach der gute Karl! Was hat er denn Böses gethan? Hat er dir nicht gefolgt?

Mutter. Ja wohl, nicht gefolgt! — Fritz, wie heißt das siebente Gebot?

Fritz. Du sollst nicht stehlen. — Meinst du etwa, ich weiß es nicht einmal, wie das siebente Gebot heißt?

Mutter. Dein älterer Bruder Karl weiß es schon länger, und besser, als du — und doch .... Er hat es nicht befolgt!

Fritz. Nicht möglich! Karl, der gute Karl hätte gestohlen? — Da wäre ja Karl ein Dieb?

Mutter. Wer Obst und Geld stiehlt, ist der kein Dieb?

Fritz. Ja wohl, ja wohl ist er's! Aber hätte der ehrliche Karl das gethan, der jeden Bissen mit uns theilt?

Mutter. Leider! Gestern sah ich, daß er sein Kleiderkästchen so schnell zuschloß und ganz verlegen that, als ich ihn darüber antraf. Es fiel mir auf; aber ich dachte doch nichts Arges. Heute seh' ich gegen alle Gewohnheit den Schlüssel abgezogen. Ich suche und finde die Schlüssel in seinem Jäckchen. Ich schließe auf — und, o Gott! was sah ich? — Ach! er hat vergessen, was sein sterbender Vater uns sagte: „Wir sind wohl arm; aber wir werden viel Gutes haben, wenn wir Gott fürchten, die Sünde meiden und Gutes thun."

Fritz. (Weint.) Und woher weißt du denn, daß er den schönen Spruch vergessen hat?

Mutter. Ach, ich fand in seinem Lädchen zwölf Aepfel, ein ganzes Häufchen Nüsse und dreißig Cents baares Geld. Das Alles hat er nicht mit Recht; denn er hielt es geheim und hatte kein gutes Gewissen, als ich ihn darüber antraf.

Fritz. (Der Mutter um den Hals fallend.) O freu' dich, freu' dich, herzige Mutter! Karl ist noch immer unser ehrlicher Karl! — Aber ich muß ihm wehe thun; ich muß sein Geheimniß verrathen.

Mutter. Und welches? Daß er gestohlen hat? Und darüber soll ich mich freuen?

Fritz. Nein, o nein doch! Schon seit einem Vierteljahre spart er alle Heller zusammen (und auch ich habe dazu gesteuert!), um dir eine Freude zu machen. Du sollst erfahren, wie ehrlich wir zu den dreißig Cents gekommen sind. Wir haben sie bei dem Herrn Wendler verdient. Du weißt, er gibt den Kindern gern etwas, wenn sie ihm einen Gefallen thun. Auch die Aepfel und Nüsse sind nicht gestohlen. Die Nüsse haben wir gekauft, und die Aepfel bekamen wir geschenkt. Für das Geld hatten wir ein Paar wollene Handschuhe auf den Winter für dich bestellt, damit du nicht so frieren sollst, liebe Mutter; und in kommender Woche an deinem Geburtstage, wollten wir dich damit erfreuen. Ich wollte die Aepfel und Nüsse in unserm kleinen Armkörbchen, und Karl die Handschuhe auf einem irdenen Teller dir bringen. Siehst du, nun weißt du Alles, liebe Mutter! Aber ach! nun ist dir die Freude verdorben.

Mutter. (Mit Thränen ihn küssend.) Nicht verdorben, lieber Fritz! Meine Freude ist nun doppelt groß! — Ach, verzeihe mir den Verdacht! Er kam aus Liebe zu euch, ihr sollt lieber sterben, als unehrlich sein.

Fritz. Aber, liebe Mutter! der arme Karl würde weinen, wenn du ihm sagtest, daß du ihn für so böse gehalten hast. — Er hat sich auf deinen Geburtstag so herzlich gefreut! Laß uns schweigen von deinem Verdachte, und ihn auch nicht wissen, daß sein Geheimniß verrathen ist!

Mutter. Recht so, mein lieber Fritz! Deinem Karl soll die Freude nicht verdorben werden. Mir thut es leid genug, daß ich dir die d e i n e verdorben habe.

Fritz. O nein, o nein, lieb Mütterchen! keine Freude verdorben! Gibt es wohl eine größere für mich, als d i e, daß du keinen Kummer mehr hast?

130. Berühmte Reisende.

Vater. Meine Reisebeschreibung handelt von vier Reisenden, welche über die ganze Erde hinreisen, über Berge, Meere und Flüsse, aus einem Land in das andere.

Heinrich. Kommen sie auch zu uns?

Vater. Einer von ihnen ist jetzt gerade hier. Sie waren aber alle schon oft in unserem Lande und werden noch oft kommen; denn sie sind unermüdlich im Reisen.

Friedrich. Es sind aber auch keine wirklichen Reisenden?

Vater. Damit ihr nicht denkt, es seien Uhrzeiger oder so Etwas, so will ich euch gleich sagen, daß der erste ein Maler und Musiker ist.

Pauline. Dann sind's gewiß wirkliche Reisende!

Heinrich. Ja, das müssen Menschen sein!

Vater. Ich weiß nicht, ob der, den ich eben nannte, die Malerei oder die Musik besser versteht. Die herrlichsten Landschaften malt er dahin, wo man vorher dachte, daß es kaum möglich sei. Alle Menschen freuen sich darüber.

Friedrich. Wenn er einmal wieder durch unser Land gezogen kommt, so sage es uns doch, lieber Vater! Die schönen Gemälde möchte ich auch sehen! Dabei kann man Etwas lernen. Und ich zeichne ja auch so gern.

Vater. Die Blumen und die Bäume, die Bäche und die Quellen — Alles malt er so natürlich, daß es in der Wirklichkeit nicht schöner ist.

Heinrich. Du haſt ja aber ſchon oft geſagt, Vater, die Natur ſei ſchöner, als alle Gemälde.

Vater. Ja, aber dieſer Maler verſteht ſo nach der Natur zu malen, daß man ſeine Gemälde ſelbſt für Natur hält. Wenn ich euch einmal eins zeigen werde, einen Wald oder eine Wieſe, die er gemalt hat, ſo ſollt ihr mir ſagen, was ihr davon denkt.

Pauline. Und auch ein Muſiker iſt er?

Vater. Ja, der beſte Sänger, den ich je gehört habe. Die Muſik, die er macht, iſt ſchöner, als wenn die berühmteſten Tonkünſtler ſpielen; ſein Geſang iſt reizender, als der Geſang aller Sänger und Sängerinnen auf der Erde.

Friedrich. Wo ſingt er denn?

Vater. Darin macht er eine Ausnahme von andern reiſenden Sängern, die ſich gewöhnlich in Zimmern und Sälen hören laſſen, und wo's Geld koſtet, wenn man ſie hören will. Er ſingt für Jedermann umſonſt, auf Wieſen und Feldern, am liebſten in Wäldern, im Blüthenduft und Sonnenſchein.

Heinrich. Das iſt am Ende gar ein Vogel!

Friedrich. Die Vögel ſind ja aber keine Maler.

Vater. Aber er reiſ't mit den Vögeln, oder die Vögel mit ihm — eins von beiden. Er reiſ't mit Schwalben und Störchen; Kukuk, Lerche und Nachtigall laſſen ſich hören, wenn er da iſt. Er ſelbſt aber iſt ein luſtiger, fröhlicher Jüngling, der überall willkommen iſt.

Heinrich. Alſo doch ein Menſch!

Vater. Er iſt gewöhnlich grün gekleidet, hat Veilchen auf dem Hut ſtecken. Er unterhält ſich mit den Landleuten gern und ermuntert ſie, zu ſäen.

Pauline. Aber warum reiſ't er denn immer in allen Ländern umher?

Heinrich. Andere Sänger reiſen ja auch und laſſen ſich vor den Leuten hören.

Friedrich. Und dann wird er Landschaften aufnehmen wollen, merkwürdige Gegenden und schöne Blumen und Bäume abzeichnen.

Pauline. Vielleicht auch seine Gemälde verkaufen.

Vater. Der zweite Reisende ist ein Gärtner, man könnte auch sagen: ein Landmann.

Friedrich. Der reis't gewiß in der Welt umher, um die Gewächse kennen zu lernen und um zu sehen, wie man in andern Ländern den Acker baut.

Vater. Er hat die Blumen gern; auch die Scheunen besucht er. In der Mittagshitze legt er sich in den Schatten eines Baumes und ißt Kirschen.

Heinrich. Da möcht' ich ihm Gesellschaft leisten.

Vater. Er ist ein lieber, freundlicher Mann. Seine Kleider sind grünlich, bläulich und goldig; doch zieht er seinen Rock öfters aus, wenn es ihm zu heiß wird.

Heinrich. Und geht in Hemdsärmeln!

Vater. Weil er gern weit reisen möchte, und viel in einem Tage ausrichten will, so hat er die langen Tage gern.

Pauline. Die habe ich auch gern, obwohl ich nicht reise. Aber ich spiele und springe gern lange draußen im Freien umher.

Vater. Der dritte Reisende ist ein ernster Mann in gelblichem Kleide, der auch gern mit Schwalben und Störchen reis't.

Friedrich. Das ist wohl wieder ein Sänger!

Vater. Nein, ein Jäger ist's; denn er macht Jagd auf Hasen, Hirsche und Rehe, streift in den Wäldern umher, und die Blätter müssen von den Bäumen fallen, wenn er durchzieht. Aus Jagdgeräusch und Hundegebell macht er sich mehr, als aus Blüthenduft und Vogelsang. Er ißt das Obst gern; recht viele Aepfel und Nüsse sind seine Freude; besonders liebt er die Trauben und den Wein.

Pauline. Warum reis't er denn aber in allen Ländern umher? das Alles könnte er zu Hause ja auch haben!

Friedrich. Bei ihm daheim sind vielleicht keine Wälder, daß er dort nicht auf die Jagd gehen kann.

Heinrich. Und dann wird er gewiß, weil er das Obst und den Wein so sehr liebt, in verschiedenen Ländern verschiedenerlei Obst essen und allerlei Wein trinken wollen.

Vater. Der vierte Reisende endlich ist ein Greis mit dürren Wangen, der oft sehr verdrießlich und finster ist. Seine Kleider sind grau und weiß, ebenso Haare und Bart.

Heinrich. Was ist er denn?

Vater. Ein Baumeister; er baut besonders gern Brücken, die aber gewöhnlich nach ein paar Monaten oder in noch weniger Zeit wieder einfallen.

Friedrich. Das ist aber ein schlechter Baumeister.

Heinrich. Der sollte das Bauen bleiben lassen.

Vater. Er liebt die langen Nächte und hockt gern hinter'm Ofen.

Pauline. Der ist wohl recht faul und verzärtelt!

Vater. O nein; Schlittschuhlaufen, Schlittenfahren und Schneeballwerfen ist seine größte Freude. Dann geht er, in Pelz gehüllt, ins Haus und lauscht auf die Mährchen, die die Großmutter hinter dem Ofen erzählt.

Pauline. Die höre ich aber auch gern.

Friedrich. Ich merke ein Bischen, wer der Mann sein mag. Vater, von Blumen mag er Nichts wissen?

Vater. O ja, auch die Blumen hat er gern.

Friedrich. Dann ist's doch nicht der, den ich meine.

Vater. Aber seine Blumen riechen nicht, und die Menschen lieben sie nicht.

Heinrich. Reisen denn die vier Reisenden mit einander?

Vater. Man sagt gewöhnlich, sie seien Brüder; doch reisen sie nicht mit einander, sondern hinter einander. Keiner kann den Andern leiden, und Jeder jagt den Vorhergehenden fort, wenn er selbst kommt. Zuerst kommt der jüngste, der Maler, dann der Gärtner, dann der Jäger und zuletzt der älteste, der Baumeister.

Friedrich. Reisen sie immer in dieser Reihenfolge durch alle Länder?

Vater. Ja, und auch zu uns kommen sie in dieser Aufeinanderfolge alle Jahre.

Die drei Kinder. Ich weiß es, wer die Reisenden sind!

Vater. Nun, wer denn?

Die drei Kinder. Die vier Jahreszeiten.

Vater. Richtig. Der Maler ist —?

Friedrich. Der Frühling. Der Gärtner ist der Sommer.

Heinrich. Der Jäger ist der Herbst.

Pauline. Und der Baumeister ist der Winter.

131. Die dunkelblaue Wiese.

(Vater, Emil, Laura, Anton, Liba.)

Vater. Ich kenne eine große, dunkelblaue Wiese.

Emil. Vater, das ist dein Spaß; solche gibts ja gar nicht; die Wiesen sehen grün aus, aber nicht blau.

Vater. Meine Wiese sieht aber doch blau aus und ist größer, als alle Wiesen auf der Welt.

Laura. Hab ich sie gesehen, Vater?

Vater. Du und ihr alle habt sie gesehen und bekommt sie alle Tage zu sehen. Auf meiner Wiese gehen Jahr aus Jahr ein einen Tag wie den andern eine unzählbare Menge großer und kleiner Schafe auf die Weide, obgleich Nichts dort wächst.

Anton. Aber, Vater, was machen sie denn dort, wenn sie Nichts zu fressen finden? Die Schafe können doch nicht hungern?

Vater. Meine Schafe und Lämmer hungern nicht und fressen auch nicht.

Emil. Dahinter steckt Etwas; das sind gewiß keine lebendigen Schafe, denn die müssen doch fressen, sonst verhungern sie.

Vater. Lebendig sind meine Schafe; sie leben schon über tausend Jahre, und immer sind sie noch wie ehemals, obwohl sie weder hungern noch dürsten.

Lida. Ueber tausend Jahre sind deine Schafe alt, Vater? das kommt mir sehr wunderbar vor; die Schafe, hat unser Lehrer gesagt, werden nur höchstens vierzehn Jahre alt.

Vater. Aber es ist doch so, wie ich gesagt habe, liebes Kind, und schön sind meine Schafe, so schön und glänzend, daß die Schafe in — in — wie heißt doch gleich das Land, wo die besten Schafe sind?

Emil. Spanien, in Spanien! Sieh, Vater, ich hab's behalten.

Vater. Daß die Schafe in Spanien gar nicht mit ihnen können verglichen werden, denn die ganze Heerde hat goldene Pelze.

Die Kinder sahen einander verwundert an, brachen aber plötzlich in ein lautes Gelächter aus und riefen: Nein, solche gibts nicht; mit goldnen Fellen — wie könnten die schwachen Thiere so eine Last tragen! Vater, du willst nur sehen, ob wir es glauben!

Vater. Es ist mein Ernst, Kinder; die Felle schimmern wirklich wie Gold, so hell und leuchtend, und ihr habt euch schon darüber gefreut.

Emil. Vater, sind sie den ganzen Tag auf der Weide? Hört man sie nicht schreien?

Vater. Sie sind zwar den ganzen Tag darauf, aber man sieht sie nicht immer. Auch habe ich sie noch nicht schreien hören.

Lida. Wenn nun der böse Wolf kommt, da schreien sie doch und laufen davon?

Vater. Auf diese Weide kann niemals ein Wolf kommen, und dann haben sie auch einen Hirten, der über sie wacht.

Anton. Einen Hirten? Einen Hirten? Kann denn der auf so viel Schafe Achtung geben? Wie sieht er denn aus?

Vater. Der trägt ein schönes, helles, weißes Kleid, das wie Silber glänzt und niemals schwarz wird. Und ob er weit länger als tausend Jahre die Heerde bewacht, so ist er doch noch nie eingeschlafen, hat sein Kleid nie aus= gezogen. Er bleibt stets hell und munter, und sein Kleid immer rein.

Emil. Nein, daraus kann ich nicht klug werden; das muß ein närrischer Mann sein; der muß weder stehen noch gehen können, wie der alte Tobias da drüben, der doch erst achtzig Jahre alt ist.

Vater. Er steht nicht still, sondern geht immer unter seinen Schafen umher; auch ist er nicht blind, son= dern sieht sehr hell.

Laura. Vater, er schläft gewiß, aber du sagst nur so, damit wir nicht so lange schlafen sollen. Er kann auch schlafen, denn seine Hunde werden schon die Heerde bewachen.

Vater. Seine Hunde? — Hunde hat er gar nicht und braucht auch keine.

Laura. Aber eine Schalmei hat er doch und bläst darauf?

Vater. Eine Schalmei zwar nicht, aber ein schö= nes silbernes Horn; blasen kann er aber nicht, und das Horn gibt auch keinen Ton von sich.

Anton. Nun, das kommt immer wunderlicher. Ein Hirt mit seinen Schafen, die über tausend Jahr alt sind, der ein Horn hat und nicht blasen kann, der nie schläft und doch stets munter ist; — das begreife ich nicht.

Emil. Vater, in welchem Lande liegt denn die Wiese, wo die Wunderschafe gehen?

Vater. Die Wiese liegt in gar keinem Lande, sondern geht über alle Länder weg.

Lida. In der Luft also, Vater, in der Luft? 000

Vater. Ja, da liegt sie.

Lida. Aber wie kommen denn die Schafe dahin? Sie können doch nicht fliegen?

Vater. O ja, meine Schafe können in der Luft umherspazieren und fliegen und fallen nicht herunter.

Anton. Nun, die möcht' ich fliegen sehen.

Vater. Du kannst sie alle Tage gehen sehen. Wenn es Abend wird, kommen sie zum Vorschein und weiden die ganze Nacht.

Emil. Ach, nun weiß ich, wer die goldnen Schafe sind; aber der Hirt?

Vater. Der ist auch bei den Schafen, und wenn ihr ihn sehen wollt, so seht einmal zum Fenster hinaus, denn dort kommt er herauf.

Alle Kinder. Der Mond! der Mond! O nun wissen wirs: die Sterne sind die Schafe, und die blaue Wiese ist der Himmel. Du hast es uns aber zu schwer gemacht, lieber Vater! Aber noch eins, es war so hübsch; noch eins!

Vater. Morgen, Kinder, heute weiß ich keins mehr.

132. Die Perlenbrücke.

Vater. Heute will ich euch von einer großen, wunderbaren Brücke erzählen, die aus lauter Perlen gebaut ist.

Laura. Aus lauter Perlen? Ei, das muß prächtig aussehen.

Vater. Sie sieht auch prächtig aus, schimmert und blinkt in den schönsten Farben.

Anton. Aber, Vater, eine ganze Brücke von Perlen? Du spaßest wohl wieder mit uns. Ist denn die Brücke groß?

Vater. Ja, so hoch, daß die größten Schiffe mit den höchsten Masten darunter fortziehen und noch keins jemals angestoßen hat.

Emil. So groß? die muß dem Baumeister viel Mühe gemacht haben und wohl jahrelange Arbeit gekostet.

Vater. Nein, in einem Augenblick ist sie aufgebaut.

Laura. Die ganze große Brücke von Perlen? Das muß ein geschickter Baumeister sein.

Vater. Allerdings, Kind, ist er das.

Lida. Worüber führt denn diese Brücke, Vater?

Vater. Ueber einen großen, grauen See.

Laura. Bin ich denn auch schon darüber gegangen?

Vater. Nein, weder du, noch irgend ein Mensch, kein Pferd und kein Wagen.

Anton. Hab' ich sie denn schon gesehen?

Vater. O ja, ihr Alle schon oft genug.

Emil. Das ist doch eine sonderbare Brücke, über die Nichts hinübergeht und unter der die größten Schiffe fortsegeln?

Lida. Eine so ungeheure Brücke, die im Nu aufgebaut ist? Wann ist sie denn aufgebaut worden?

Vater. Sie entsteht nur, wenn der Strom fließt, und wenn der Strom versiegt, verschwindet sie auch.

Emil. Eine so mächtige, große Brücke über einen so kleinen Strom, der nur zuweilen fließt, zuweilen aber versiegt!

Vater. Ich habe ja nicht gesagt, daß die Brücke über den Strom führe; vielmehr sagte ich euch, sie gehe über einen großen, grauen See.

Lida. Was hat denn aber ein Strom mit der Brücke zu thun? Fließt er etwa in den See?

Vater. Ja, von hoch oben herab stürzt er sich hinein.

Laura. Nein, das weiß ich nicht. Kann ich denn die Brücke jetzt sehen?

Vater. Nein, überhaupt des Abends und bei Nacht nicht.

Anton. Also fließt der Strom nur bei Tage.

Vater. Nein, auch bei Nacht; aber die Perlenbrücke erscheint dann doch nicht.

Lida. Du sagtest doch aber, sie entstehe, wenn der Strom fließt.

Vater. Ja, nur dann; — aber nicht jedes Mal, wenn er fließt.

Emil. Wenn nun aber Einer hinüber will?

Vater. Es geht ja Keiner hinüber, und die Brücke führt ja gar nicht über den Strom.

Anton. Also bei Nacht gibt's keine solche Brücke, Vater? nur am hellen Tage, wenn die Sonne scheint?

Vater. Allerdings, nur dann, aber natürlich der Strom muß fließen.

Emil. Ich kann sie also nur sehen, wenn ich die Sonne sehe?

Vater. Nein im Gegentheil, du darfst die Sonne nicht sehen, mußt ihr den Rücken zukehren, wenn du die Brücke sehen willst. —

Lida. Ach, nun weiß ich die Brücke, die du meinst. Nicht wahr? sie ist hübsch bunt? Du meinst den Regen= bogen?

Vater. Ja, du hast's gerathen.

Laura. Ach ja, das ist die bunte Brücke aus lauter Perlen.

Emil. Ja, aus den Wassertropfen; das ist recht, über die bin ich auch noch nie gegangen und kein Einziger, und die höchsten Schiffe segeln darunter fort, ohne anzu= stoßen. Ach ja, so ist's.

Anton. Was ist das aber für ein grauer See, über den die Brücke geht?

Lida. Das ist die Erde.

Laura. Und der Strom, mit dem sie erst entsteht, das ist der Regen, der von oben auf die Erde herabstürzt, und wenn der Regen fort ist, dann ist auch die bunte Per= lenbrücke verschwunden.

Vater. Ja, aber wißt ihr auch, wer der flinke, ge= schickte Baumeister ist, der sie so schnell aufbaut und abreißt und dann jedes Mal wieder eben so schnell aufbaut?

Alle. Ach ja, das ist der liebe Gott.

B. Briefe.

St. Louis, den ....

Lieber Onkel!

Voll Freude theile ich Dir mit, daß ich mein „erstes Lese=
buch" durchgelesen und viel Schönes und Gutes daraus gelernt
habe. Manches habe ich nicht sogleich verstanden und daher zwei
oder drei Mal gelesen. Und was ich dann noch nicht begriff,
habe ich mir von meinem Lehrer erklären lassen.

Nun aber verstehe ich Alles, was in diesem Büchlein ent=
halten ist und habe auch das Meiste davon im Gedächtniß. Das
ist gewiß gut gethan von

Deinem Karl.

Belleville, den ....

Bravo mein Karlchen!

Dein Briefchen hat mir viel Vergnügen bereitet. Ich
wußte zwar, daß Du ein aufgewecktes, lernbegieriges Bürschchen
bist, aber daß Du mit acht Jahren schon solche Fortschritte ge=
macht hast, das habe ich in der That nicht gedacht.

Fahre so fort, mein lieber Karl! Je mehr Du lernst, desto
mehr Freude macht es Dir, und je mehr Du verstehst, desto mehr
willst Du noch kennen lernen. An strebsamen Kindern hat Jeder=
mann seine Freude, besonders aber

Dein Onkel.

St. Louis, den ....

Liebe Tante!

Als ich neulich bei Dir in Carondelet war, sah ich, daß Du
vier allerliebste Kätzchen hattest und erzählte meinen Eltern, wie
Dein Eduard und die kleine Emma so seelenvergnügt damit
spielten.

Nun haben wir zufälligerweise gar keine Katze, wohl aber Mäuse und Ratten. Um diese ungebetenen Gäste los zu werden, bitten wir Dich, uns eines Deiner Kätzchen durch Friedrich zu schicken.

Sei herzlich gegrüßt von

Deinem Ferdinand.

––––––––––

Carondelet, den ....

Mein lieber Ferdinand!

Die kleine Emma hat das schönste unserer vier Kätzchen für Dich ausgesucht und Friedrich wird es Dir mit diesem Briefchen überbringen.

Ich hoffe dasselbe wird Euren lästigen Besuchern bald ordentlich zu Leibe gehen und Euch davon befreien. —

Eduard und Emma lassen Dich freundlichst grüßen und laden Dich ein, am Ostermontag zu ihnen zu kommen.

Deine Tante

Henriette Gut.

––––––––––

St. Louis, den ....

Theure Schwester!

Die lieben Eltern haben mir befohlen, Dir mitzutheilen, daß unser kleiner Georg auf den Tod krank ist.

Vorgestern Nachmittag spielte er noch vergnügt mit seinen Kameraden. Abends klagte er über Halsschmerzen und bald darauf hatte er die Halsentzündung in einem Grade, daß selbst der Arzt an seinem Aufkommen zweifelte.

Du kannst Dir denken, wie besorgt wir um den armen Jungen sind!

Sei herzlich gegrüßt von Deinen Eltern und Geschwistern, besonders aber von Deiner treuen Schwester

Amalie.

St. Joseph, den ....
Liebe Amalie!

Dein Schreiben verursacht mir viel Kummer. Du kannst mir kaum glauben, wie sehr mich der arme Georg dauert. Ach, wie gern möchte ich bei Euch sein, um die lieben Eltern und Dich in der Krankenpflege abzulösen.

Ich bitte Dich, schreibe mir ja recht bald wieder, wie es bei dem Bruder geht.

Seid Alle herzlich gegrüßt von Eurer dankbaren Tochter und Schwester

Caroline.

___

St. Louis, den ....
Liebe Caroline!

Gott sei gelobt! Georg ist gerettet! Der Arzt hat ihn heute außer Gefahr erklärt. Du kannst Dir denken, wie fröhlich wir darüber sind. Als er wieder zum ersten Mal lächelte, vergoß die Mutter Freudenthränen.

Georg plaudert jetzt wieder viel von seiner Schwester in St. Joseph und freut sich schon auf das Weihnachtsgeschenk, das er von ihr erhalten wird.

Lebe wohl, liebe Schwester, und schreibe recht bald wieder an

Deine Amalie.

___

St. Louis, den ....
Mein lieber Vetter Bernhard!

Nächsten Montag den 14. d. M. werden wir unser Maifest im Hyde-Park feiern, wozu ich Dich freundlichst einlade.

Wir führen Kinderspiele auf, singen und tanzen, daß Du Deine Freude daran haben wirst.

Vergesse aber ja nicht, Deinen Julius und Deine Clara mitzunehmen. Diese sollen ihren Spaß auch mit uns haben!

Seid herzlich gegrüßt von

Eurem aufrichtigen

David.

Ost-St. Louis, den ....

Mein bester David!

Von Eurem Maifest kamen wir spät, aber sehr vergnügt nach Hause. Clara und Julius sprechen noch täglich von dem „Topfschlagen", „Sacklaufen" und so manchen anderen Spielen, die Eure Lehrer mit Euch aufführten.

Wenn wir im nächsten Frühjahr gesund sind, so werden wir wieder an Eurem Maifest theilnehmen. Das haben meine beiden Kinder beschlossen und damit ist vollkommen einverstanden

Dein Vetter

Bernhard.

C. Wünsche.

Neujahrswünsche.

1.

Mein Wünschlein ist zwar klein,
Doch ist es gut und wahr:
Ihr sollt recht glücklich sein
Im neuerlebten Jahr!

2.

Ein kleines Büblein (Mädchen) bin ich,
Drum wünsch' ich kurz und innig
Ein fröhliches Neujahr.
Und was Dich (Euch) freut, das weiß ich,
Wenn brav ich bin und fleißig,
Mehr als ich sonst es war.
Gesundheit, Freude, Frieden
Sei Dir (Euch) von Gott beschieden,
Wie heut', so immerdar.

3.

Ich hätt' Dir viel zu sagen
O gute Mutter (guter Vater) heut';
Ich wüßte Dir viel zu wünschen,
Was Dich und mich erfreut.

Ja, könnte ich es nur sagen,
Wie's um das Herz mir ist!
Du weißt's ja aber viel besser,
Wie theuer Du mir bist!

Und wenn Du mich immer liebest
Und ich lieb' immer Dich: —
Nichts Schöneres kann ich wünschen,
Nichts Beßres für Dich — und mich.

Geburtstagswünsche.

1.

Lieber Vater (liebe Mutter) ich bringe Dir
Meinen schönsten Glückwunsch hier:
Will Dich immer herzlich lieben.
Habe dies Verschen selbst geschrieben.
Möchte es Dich doch erfreu'n!
Künftig's Jahr soll's besser sein.

2.

Liebe Mutter (lieber Vater) nimm als Gabe
Dieses Blumensträußchen an.
Es ist Alles, was ich habe,
Alles, was ich bringen kann.
Aber ich will mich bemühen,
Immer fromm und gut zu sein;
Wenn die Blumen dann verblühen,
Sollst Du Dich an mir noch freu'n.

D. Sprüchwörter.

1. Wer seine Eltern kindlich ehrt
   Ist Gott und Menschen lieb und werth.

2. Halt auf Ordnung, liebe sie;
   Ordnung spart Dir manche Müh'!

3. Wer Etwas kann, den hält man werth,
   Den Ungeschickten Niemand begehrt.

4. Lesen und nicht verstehen — ist halb müssig gehen.

5. Durch Fragen wird man klug.

6. Voller Bauch studirt nicht gern.
7. Frisch begonnen — halb gewonnen.
8. Was du heute thun kannst, verschiebe nicht auf morgen.
9. Gut Ding braucht lange Weile.
10. Allzuviel ist ungesund.
11. Das Werk muss den Meister loben.
12. Was bald wird, vergeht bald.
13. Was lange währt, wird gut.
14. Wer zuerst kommt, mahlt zuerst.
15. Wer sich in Gefahr begibt, kommt leicht darin um.
16. Wie man's treibt, so geht's.
17. Wie man in den Wald schreit, so schreit es heraus.
18. Thue nichts Böses, so widerfährt dir nichts Böses.
19. Ein gut Gewissen ist ein sanftes Ruhekissen.
20. Ein guter Name ist mehr werth als baares Geld.
21. Besser Unrecht leiden, als Unrecht thun.
22. Unrecht Gut gedeihet nicht.
23. Wer Gutes thut, hat frohen Muth.
24. Eine Liebe ist der andern werth.
25. Wer viel spricht, lügt viel.
26. Gelegenheit macht Diebe.
27. Durch Schaden wird man klug.
28. Gebrannte Kinder scheuen das Feuer.
29. Der Krug geht so lange zum Brunnen, bis er bricht.
30. Hochmuth kommt vor dem Fall.

E. Räthselfragen und Räthsel.

1. An welchem Kopf sind keine Haare, sondern Blätter?
2. Wer hat Zähne und kaut doch nicht?
3. Was hat man immer an der rechten Hand, wenn man in den Garten geht?
4. Wer geht über das Feld und bewegt sich nicht?
5. Wer hat viele Gelenke und kann sich doch nicht bewegen?

6. Wer hat einen eisernen Bart?
7. Wer wünscht einäugig zu sein?
8. Bei was für einem Bad wird der Kopf nicht nass?
9. Wer bekommt keine Zahnschmerzen?
10. Was kann ein Stummer am besten?
11. Welches Weh kann man nicht bekommen, wenn man daheim bleibt?
12. Was muss jeder Mensch, er mag wollen oder nicht?
13. Wie viele Erbsen gehen in einen Topf?
14. Welches Fass stellt man auf den Tisch?
15. Welche Tasche ist lebendig?
16. Wohin schlägt man den ersten Nagel, wenn ein Haus gebaut wird?
17. Wer baut Brücken ohne Holz und Steine?
18. Warum schlüpft der Küfer in die Fässer?
19. Welche Gräber graben Gräber?
20. Wo steht der Trompeter, wenn er bläst?
21. Welche Kinder können ihren Vater taufen sehen?
22. Wer spielt sogar in der Kirche?
23. Wo nimmt der Dieb den Löffel?
24. Wenn 50 Schüler beisammen sind, was machen sie zusammen?
25. Wer kann den Verstand nicht verlieren?
26. Wer kann roth schreiben mit schwarzer Dinte?
27. Zwei Köpfe, zwei Arme,
    Sechs Füsse, zehn Zehen,
    Wie ist's zu verstehen?
28. Was thut die Gans, wenn sie auf einem Bein steht?
29. Wie kann man machen, dass Einen die Wanzen im Bett nicht beissen?
30. Welche Blätter sind rund?
31. Welcher Apfel ist giftig?
32. Welche Feigen schmecken am schlechtesten?
33. Was steht stets mitten im Feuer und verbrennt doch nie?
34. Wann kann man auf dem Wasser gehen?
35. Wie schreibt man gefrorenes Wasser mit 3 Buchstaben?

36. Wann schlägt es halb zehn Uhr?

37. Was ist schwerer: 1 Pfund Federn oder 1 Pfund Blei?

38. Welche Kerzen brennen länger: die Wachskerzen oder die Talgkerzen?

39. Wer beisst ohne Zähne und presst Thränen aus, ohne das Herz zu rühren?

40. Was machten die zwölf Apostel, als sie beisammen waren?

41. Ohren hat's lang, Schwänzchen hat's klein,
Wie der Wind läuft's in den Wald hinein,
Der Jäger mit Hund und Flinte hintendrein;
In seiner Tasche bringt er es nach Haus,
Die Köchin zieht ihm das Pelzchen aus
Und macht einen köstlichen Braten daraus.

> 42. In der Luft, da fliegt's,
> Auf der Erde liegt's,
> Auf dem Baume sitzt's,
> In der Hand, da schwitzt's,
> Auf dem Ofen zerläuft's,
> In dem Wasser ersäuft's,
> Wer gescheidt ist, begreift's.

43. Roth und gelb, lang und dünn, wachs' ich in der Erde;
Mit dem Messer schabt man mich, eh' ich gegessen werde.

44 Im Ofen ist sein Aufenthalt;
Fressen kann's einen ganzen Wald;
Mit Wasser macht man's mausetodt;
Wen's beisst, der leidet Schmerz und Noth.

45. Nun, Kinder, könnt ihr rathen
Auf einen Kameraden,
Der, wo Ihr geht und wo Ihr steht,
Getreulich immer mit Euch geht:
Bald lang und schmal, bald kurz und dick
Doch bei Euch jeden Augenblick,
So lang die Sonn' am Himmel scheint?
Denn nur so, Kinder, ist's gemeint.
Wo weder Sonne scheint noch Licht,
Ist dieser Kamerad auch nicht.

46. Es wächst im Gärtlein,
Hat grüne Röhrlein,
Hat viele Häute
Und beisst die Leute.

47. Es sind zwei Fenster, die man trägt,
Wo jedes sich von selbst bewegt;
Man guckt durch sie nicht in das Haus,
Doch desto mehr guckt man hinaus.

48. Was mögen wohl das für Wegweiser sein?
Unzählig sind sie, gross und klein.
Bei hellem Himmel, um Mitternacht,
Da zeigen sie sich in höchster Pracht;
Sie geben den Schiffern den Weg zu lesen,
Obgleich noch keiner auf Erden gewesen.

49. Ist das nicht gar ein wunderlich Wesen?
Kann selber keinen Buchstaben lesen,
Und zeigt sie doch dem alten Mann,
Ganz ordentlich und deutlich an.

50. Ein Kraut wird gebaut mit vieler Mühe,
Behandelt drauf mit guter Brühe;
Dann thut es Jeder für sich allein
In einen besonderen Topf hinein.
Das Feuer macht er gar oben darauf,
Das zehrt den ganzen Topf voll auf.
Und fragst Du: "Was hat man denn davon?"
— "Nichts weiter, als den Rauch, mein Sohn."

Inhaltsverzeichniß.

I. Der Mensch.
Seite

1. Einleitung 5

A. Der menschliche Körper.
2. Theile des menschlichen Körpers... 5
3. Der Rumpf 6
4. Die Hand 6
5. Der Fuß 7
6. Was gesunde Beine werth sind.... 8
7. Das Auge 8
8. Das Ohr 9
9. Was das Kind hat............. 9
10. Die Nase.................... 10
11. Die Zunge.................... 11
12. Die Haut.................... 11

B. Nahrungsmittel.
13. Die Nahrungsmittel im Allgemeinen 12
14. Das Brod.................... 12
15. Das Fleisch.................. 12
16. Das Obst.................... 13
17. Gemüse 13
18. Die Kartoffeln............... 14

C. Berufsarten.
19. Beschäftigungen der Menschen..... 16
20. Die traurige Geschichte vom dummen
      Hänschen 16
21. Der Bäcker.................... 17
22. Der Fleischer.................. 17
23. Der Schneider................. 18
24. Die schönsten Hosen............ 19
25. Der Schuster.................. 19
26. Der Maurer.................... 20
27. Der Zimmermann................ 21
28. Der Schreiner................. 21
29. Der Schmied.................. 22
30. Der Wagner.................... 22
31. Der Küfer 23
32. Der Klempner.................. 24
33. Der Kaufmann 24

34. Der Arzt 25
35. Ein gutes Recept.............. 25
36. Der Lehrer................... 26
37. Was Vater Pestalozzi aus einem
      armen Hausknecht gemacht hat.... 27
38. Der Maler.................... 28
39. Der Musiker.................. 28
40. Der Landmann................. 29
41. Der Soldat.................... 30
42. Einige weitere Gewerbe......... 32

D. Etwas aus der Gesundheitslehre.
43. Die Gesundheit................ 32
44. Reinlichkeit................. 33
45. Das Bad.................... 33
46. Die Kleidung................. 34
47. Bewegung und Ruhe............ 35

E. Etwas über das Alter des Menschen und die Menschenrassen.
48. Das Alter 36
49. Menschenrassen 37

II. Naturgeschichte.
50. Die Natur.................... 38
51. Gegenstände in der Natur....... 38
52. Von den Thieren.............. 39
53. Das Pferd.................... 41
54. Der Esel.................... 42
55. Die Kuh.................... 42
56. Das Schaf.................... 43
57. Merk's, Marr................. 44
58. Das Schwein.................. 45
59. Der Hund.................... 46
60. Dieb und Hund............... 47
61. Des treuen Pudels Tod......... 47
62. Der Jäger und der Fuchs....... 47
63. Fuchs und Ente............... 48
64. Der Hase.................... 48
65. Das Kaninchen................ 50
66. Die Katze.................... 50

Seite

67. Miezchen......................51
68. Mäuse und Ratten............52
69. Das Huhn....................53
70. Der Hahn...................54
71. Gänse und Enten............55
72. Die Taube..................55
73. Der Laubfrosch.............56
74. Der Krebs..................57
75. Der Schmetterling..........58
76. Knabe und Schmetterling........58
77. Die Biene..................59
78. Ameisen, Schnecken und Würmer. 60
79. Von den Pflanzen.............61
80. Das Lied vom Samenkorn......62
81. Die grüne Stadt.............63
82. Waldbäume..................64
83. Der Christbaum..............64
84. Obstbäume..................65
85. Der Kirschbaum..............66
86. Der Gärtner und der Spatz......66
87. Sträucher und Stauden...........67
88. Gartenfreude...................68
89. Getreide....................68
90. Die Blumen.................70
91. Von den Mineralien...........71
92. Erdarten....................71
93. Die Steine.................71
94. Das Salz...................72
95. Metalle....................72
96. Brennbare Mineralien..........73

III. Erdkunde.

97. Die Farm...................73
98. Das Dorf...................74
99. Die Stadt.................74
100. Der Staat.................76
101. Hügel, Berg und Gebirge......76
102. Lawinen...................77
103. Der Fluß..................78
104. Teich, See und Meer..........79
105. Welttheile...............80

Seite

106. Tag und Nacht.............80
107. Morgen und Abend..........81
108. Die Sonnenstrahlen.........81
109. Die Jahreszeiten..........82
110. Der Frühling.............82
111. Der Sommer...............83
112. Der Herbst...............84
113. Der Winter..............85
114. Die Schlittenfahrt.........86
115. Der Schneemann............87
116. Die Sonne................87
117. Die Sterne und der Mond.......88

IV. Aus der Naturlehre.

118. Die Luft.................88
119. Wind und Wolke............89
120. Wässerige Dünste..........90
121. Thau und Nebel............90
122. Wolken und Regen..........91
123. Reif, Schnee und Hagel.......91
124. Das Gewitter.............92
125.   „   „ 93
126. Wärme...................94
127. Der Dampf...............95
128. Menschengeist...........96

V. Vermischtes.

A. Gespräche.

129. Die Entdeckung...............97
130. Berühmte Reisende...........100
131. Die dunkelblaue Wiese........104
132. Die Perlenbrücke...........107

B. Briefe...........110

C. Wünsche.

Neujahrswünsche...............113
Geburtstagswünsche............114

D. Sprüchwörter...........114

E. Räthselfragen und Räthsel...115